Mamoun Fansa (Hrsg.)

Aleppo

Ein Krieg zerstört Weltkulturerbe

Geschichte · Gegenwart · Perspektiven

Nünnerich-Asmus
Verlag & Media

Wir danken für die freundliche Unterstützung:

 Auswärtiges Amt

128 Seiten mit 96 Abbildungen
Titelabbildung: Hotel Zamaria (Martinihotel), Altstadt, Ortsteil Jdeideh,
vor und nach der Zerstörung

Bibliografische Information der Deutschen Nationalbibliothek
Die Deutsche Nationalbibliothek verzeichnet diese Publikation in der
Deutschen Nationalbibliografie; detaillierte bibliografische Daten sind
im Internet über http://dnb.d-nb.de abrufbar.

© 2013 by Nünnerich-Asmus Verlag & Media, Mainz am Rhein
ISBN 978-3-943904-25-3
Gestaltung: Noch & Noch GbR
Lektorat: Annette Nünnerich-Asmus, Frauke Itzerott, Mascha Schnellbacher
Redaktion: Karin Aydin
Gestaltung des Titelbildes: Scancomp GmbH
Übersetzung aus dem Arabischen: Heysen Chekouni
Übersetzung aus dem Englischen: Karin Aydin
Bildbearbeitung: Abdul Fattah Ayyan

Weitere Titel aus unserem Verlagsprogramm finden Sie unter:
www.na-verlag.de

INHALT

Vorwort

Mamoun Fansa

Seit Beginn des Aufstandes und des Bürgerkrieges im März 2011 steht Syrien im Fokus der internationalen Politik und Berichterstattung. Im Vergleich aber zu den Nachrichten über die Revolutionen in Ägypten, Tunesien oder Libyen, ist die Berichterstattung über die Situation in Syrien in den Medien jedoch als mehr als dürftig zu bezeichnen. Es mangelt sowohl an Hintergrundinformationen über die komplexen politischen Verhältnisse als auch an Dokumentationen über die katastrophale humanitäre Lage der Menschen im Lande und in den Flüchtlingslagern der Nachbarländer Türkei, Libanon und Jordanien, ein Defizit, das sicherlich zum Teil durch die fehlenden Korrespondenten vor Ort begründet ist. Der Verein „Ärzte ohne Grenzen" ist unter erschwerten Bedingungen an Geheimorten in Syrien tätig, um den wehrlosen Menschen zu helfen, und zahlreiche andere Hilfsorganisationen kämpfen um die Erlaubnis, Zugang zu den Kriegsgebieten zu erhalten.

Eine weitere dramatische Konsequenz des Krieges, von der die Öffentlichkeit in Deutschland selten erfährt, ist die Zerstörung der Denkmäler und die Plünderung der Museen und der archäologischen Fundstellen. Kulturschaffende Wissenschaftler an den Universitäten, Museen und Forschungseinrichtungen in Deutschland sind angesichts dieser Entwicklung fassungslos und können nicht begreifen, dass im 21. Jh. eine solche Zerstörung von Kulturgut derart wortlos hingenommen wird – ohne deutlichen Widerstand der Kulturnationen. Die Weltöffentlichkeit nimmt diesen Prozess zur Kenntnis, sieht hilflos zu, wie ein ganzes Land zerstört wird; die Proteste der verantwortlichen Politiker sind verhalten und selbst von der UNESCO, die weltweit für den Erhalt von Kulturgütern zuständig ist, war bis vor einigen Wochen kaum ein wahrnehmbares Signal zu spüren. Ich hoffe, dass das Syrische Regime die Warnung der UNESCO in den gesondert dafür einberufenen Konferenzen im August 2013 in Amman ernst nehmen wird. Täglich werden in Aleppo zahlreiche Kulturdenkmäler zerstört und teilweise dem Erdboden gleichgemacht. Der berühmte historische Basar von Aleppo ist bei den Kämpfen nahezu komplett zerstört oder ausgebrannt, Teile der Umayyaden-Moschee sind infolge der gewalttätigen Auseinandersetzungen eingestürzt. Mit der Altstadt von Aleppo wird ein Weltkulturerbe der UNESCO unwiederbringlich vernichtet.

Bis heute, mehr als zweieinhalb Jahre nach Ausbruch des Bürgerkrieges, zeichnet sich keine Lösung des Konfliktes ab. Die Zerstörung der Infrastruktur und des Kulturerbes geht ungehindert weiter. Es ist zu befürchten, dass die Vernichtung der Denkmäler auch auf die Altstadt von Damaskus, ebenfalls zum Weltkulturerbe der UNESCO gehörig, und auf andere Weltkulturerbestätten übergreift.

Aleppo zählt mit einer Siedlungsgeschichte, deren Anfänge in die Zeit um 5000 v. Chr. datieren, zu den ältesten Städten der Welt. Spektakuläre Funde eines Tempelbaus aus hethitischer Zeit um 1200 v. Chr., bis heute erhaltene Spuren der hellenistischen Straßenführung, Überreste byzantinischer Kirchen und prachtvolle Moscheen sind sichtbare Zeugen dieser unterschiedlichen Kulturen, die in Aleppo beheimatet waren. 1988 wurde die Altstadt in die Liste der UNESCO-Weltkulturerbestätten aufgenommen, 1993 wurden Mittel der Entwicklungshilfe der Bundesregierung für die Verbesserung der Lebensbedingungen der Bewohner der Altstadt und für die Erhaltung und die Wiederbelebung der historischen Altstadt bereitgestellt. Die GTZ, jetzt GIZ (Deutsche Gesellschaft für internationale Zusammenarbeit), hat bis 2010 zahlreiche Projekte durchgeführt.

Ich möchte als Herausgeber des Buches „Aleppo. Ein Krieg zerstört Weltkulturerbe. Geschichte. Gegenwart. Perspektiven" nicht nur als ehemaliger Denkmalpfleger und Museumsdirektor, sondern als Syrer, der in Aleppo geboren wurde, die Aufmerksamkeit auf eine der ältesten Kulturstätten des Nahen Ostens lenken. Dabei ist es keinesfalls mein Anliegen, nach den Schuldigen des Konflikts zu fragen. Mit den Beiträgen von Udo Steinbach und Marcel Pott liegen zwei persönliche Einschätzungen deutscher Experten für die Zeitgeschichte des Vorderen Orients vor. Die in diesen Aufsätzen geäußerten politischen Meinungen entsprechen nicht notwendigerweise der Auffassung des Herausgebers. In den Beiträgen von Tamim Qasmo, Adli Qudsi und Khaldoun Fansa kommen syrische Experten zu Wort. Damit soll deutlich gezeigt werden, dass der Wiederaufbau von einheimischen Fachleuten betrieben werden sollte. Das Bewusstsein der Aleppiner soll damit gestärkt werden.

Eine dem Ausmaß des Konflikts angemessene umfassende und detaillierte Analyse der Lage in Syrien ist aufgrund der Komplexität der Verhältnisse und des Informationsdefizits an dieser Stelle nicht möglich. Doch möchte dieses Buch eine Standortbestimmung und einen Ausblick auf Zukünftiges versuchen.

In einem ersten Abschnitt wird die Kulturgeschichte der Altstadt von Aleppo behandelt und ein Überblick über die Aktivitäten im Rahmen der Altstadtsanierung der letzten 30 Jahre unter Berücksichtigung der Anerkennung der Altstadt von Aleppo als UNESCO-Weltkulturerbestätte gegeben.

Abb. 1 Panoramasicht von Aleppo aus dem Jahr 2000.

In einem zweiten Abschnitt soll dem Leser der gegenwärtige Stand der politischen Auseinandersetzungen in Syrien verdeutlicht werden. Thematisiert werden in diesem Zusammenhang ebenfalls die von der UNESCO anerkannten und durch den Krieg bereits zerstörten und gefährdeten historischen Kulturstätten und die UNESCO-Vorschriften über den Umgang mit Kulturgut in Kriegszeiten.

Der letzte Beitrag wird sich mit dem Wiederaufbau nach dem Krieg beschäftigen und Vorschläge unterbreiten, wie der Wiederaufbau organisiert werden kann.

In einem abschließenden Kapitel werden ausgewählte Bilder aus der Zeit vor dem Krieg und die heutigen Orte mit ihren zerstörten Denkmälern einander gegenübergestellt.

Dem Herausgeber geht es vorrangig um eine erste Dokumentation der Zerstörung des Weltkulturerbes in der Altstadt von Aleppo, die keinen Anspruch darauf erheben kann, die zerstörten Orte und Denkmäler ausführlich oder gar umfassend zu dokumentieren. Die Zerstörungen in anderen Städten sowie in den Museen werden in dieser Publikation vereinzelt angesprochen, können an dieser Stelle aber nicht ausführlich behandelt werden. Ebenso kann der Verlust an beweglichem Kulturgut aufgrund der fehlenden konkreten Informationen nicht thematisiert werden. Der vorliegende Band soll vor allem die Öffentlichkeit darauf aufmerksam machen, wie Denkmäler unwiederbringlich zerstört werden, er soll einen Hinweis auf das Ausmaß der Vernichtung von Kulturgut in einer der ältesten Kulturstädte der Welt – inmitten des Krieges – geben. Die Zerstörung der historischen Hinterlassenschaften eines Volks führt immer zum Verlust der kulturellen Identität, macht sich im gesellschaftlichen, wirtschaftlichen und politischen Leben negativ bemerkbar und hat Auswirkungen auf die zukünftige Entwicklung.

Diese Dokumentation soll die Grundlage für die intensive Beschäftigung mit dem Wiederaufbau der Altstadt von Aleppo bilden. Ich hoffe, dass es uns bald gelingen wird, unseren Plan umzusetzen, eine wissenschaftliche Tagung mit internationalen Experten zu realisieren.

Mein Dank gilt in erster Linie dem Auswärtigen Amt für die finanzielle Unterstützung. Auch bin ich allen Autoren zu besonderem Dank verpflichtet. Sie haben nicht nur spontan ihre Unterstützung zugesagt, sondern ließen ihren Worten in Form von rechtzeitig eingereichten Beiträgen umgehend Taten folgen. Zudem danke ich dem Nünnerich-Asmus Verlag für die Bereitschaft, das Buch in sein Programm aufzunehmen.

HOMMAGE AN EINE DER SCHÖNSTEN UND ÄLTESTEN STÄDTE DES NAHEN OSTENS

ALEPPOBEGEISTERUNG – EIN GEDICHT

Ivo Zanoni

Welch eine Konfusion für den Westler in Aleppo,
Aleppo,
Aleppokiefer und Alepponüsschen, und was sonst noch?
Halab, arabisch für Aleppo, Kinder sitzen an koreanischen Nähmaschinen,
Christinnen sind aufreizender als in Rom gekleidet,
Armenierviertel,
der wahre Orient, als führe der Orientexpress noch immer,
bei Abou Nauwaz gibt's Vanillepudding – umsonst,
Belohnung für den Weitgereisten,
ein Kellner mit Menschenkenntnis,
Wüstensöhne lassen sich bewirten wie ich,
Baba Ghanousch, Muhamara, Fatousch, Tabuleh, Mutawwal, Hommos, Foul,
    Sandwich with Kurdish cheese,
Turkish coffee,
bin auch ich ein Nomade?

In Aleppo zu erwachen ist ein Glück,
Halab,
Türkei, Arabien, Kurdistan, Armenien, Mesopotamien, Europa, Libanon,
hier trifft sich einfach alles,
Wüstensöhne in festlichen Wintermänteln,
Aleppo unter dem Regen, die Stadt wird gereinigt,
ich bin aleppobegeistert,
Aleppo, du gefällst mir gewaltig,
was ich nicht mag, ist die Blindheit einer Bankangestellten,
sie ist hasserfüllt,
und sie sagt: that's the rule of our bank,

und damit verhindert sie, dass ich Geld wechseln kann,
nichts als eine Schikane, aber ich muss mich fügen,
man hat es hinzunehmen,
die Regeln…,
auch hier oberstes Gebot: die Bank!
Aleppo, du bist auch eine schwierige Stadt,
aber wenn ich die Glocken und den Muezzin höre,
dann liebe ich dich,
weil die Orthodoxien sich gegenseitig neutralisieren,
und das in den Vordergrund tritt, was mehr zählt,
ein Schwarm Vögel, der über der Stadt Formationen fliegt,
ein paar Regentropfen, die den Schmutz wegfegen,
Säcke mit Gewürzen,
Handwagen mit Früchten,
Eselsrücken vollbepackt mit Stoffballen,
in Aleppo zu sein ist ein wahres Glück,
Aleppokiefer und Pistazienbaum,
Berge von Feigen und Datteln noch an den Zweigen,
Oliven in allen Grün- und Schwarzschattierungen wie Trauben,
Aleppo, du fruchtige, hier sind alle irgendwie schwanger,
Aleppo, du bist ein einziger Suq,
alles türmt sich hier, alles in Hülle und Fülle,
selbst Eunuchen verfolgen einen, liebe und aufsässige,
was es hier nicht alles gibt,
Goldketten,
Goldarmbänder,
Goldohrringe,
Goldarmreife,
Gold, Gold,
Goldzähne blitzen,
Schafsköpfe,

Abb. 2 Panoramaaufnahme vom Basar für Lebensmittel und Gewürze.

Rindsleber,
Felle,
Innereien,
Gummiband,
Kopftücher,
Kaffeebohnen,
Reis,
Erbsen,
Bulgur,
Pistazien,
einfach alles,
Ganoven und kleine Halunken, Gaffer und Profiteure,
Mister, welcome, just have a look, no taxes, tea for free,
der Suq ist ein Labyrinth,
hie und da eine Moschee, hie und da eine Kirche,
reine Glaubensbekenntnisse, geschächtete Tierkadaver,
mit Unrat übersäte Bauruinen,
obgleich Weltkulturgut,
und mitten drin in diesem Ameisenhaufen eine Zitadelle,
wo Lehrerinnen ihre Herden mit Ruten hinauftreiben,
Schäflein und Lämmchen,
Aleppo, bist du wie Bagdad, wie Venedig, wie Paris?
Ein Emir und eine Emirin durchschreiten den Suq,
alle verneigen sich und schauen ihnen lange nach,
aus welcher Welt stammen die nur?
In Aleppo zu sein ist außergewöhnlich,
der Muezzin ruft,
und die Glocken läuten,
irgendwo ein Raum, der Kirche und Moschee zugleich ist,
Aleppo, manches ist hier zweideutig,
aber du bist eine Wonne, auch wenn du grau sehr magst.

In der Nacht,
Geräusche überall, es hallt, es plätschert, Türen fallen zu,
Schreie in der Ferne, Schritte in der Nähe,
tief in der Nacht in Aleppo,
tief in den Träumen, mitten im Dämmerzustand,
der Vorhang ist zu, die Türe doppelt verriegelt,
dennoch dringt die Welt in das Zimmer hinein,
wo ist die Ruhe geblieben?
Mein Herz klopft schneller,
meine Gedanken schießen blitzschnell durch den Kopf,
weshalb nur?
Aleppo, du schickst mir solche Unrast,
wo du doch sonst einen eher beschaulichen Rhythmus magst,
Schritte nähern und entfernen sich,
wird man mich aus dem Bett holen?
Aber weshalb?
Ich weiß es nicht, aber ich fürchte mich,
woher kommt nur diese Angst?
In der Omayyaden-Moschee habe ich mit jemandem gesprochen,
sogar vertraulich gesprochen,
war das ein Fehler?
Woher kommen nur diese unmöglichen Zweifel?
Angsthase aus Europa, haucht mir jemand ins Ohr!
Eben saß ich noch gemütlich bei Abou Nauwaz,
wo der erste Kellner alle westeuropäischen Sprachen spricht,
wo man sich in einem Filmdekor wähnt,
in einem Film der gehobenen Klasse,
aber auch dort Geräusche überall,
und plötzlich fällt der Blick auf eine Ratte,
die hungrig aus ihrem Loch hervor kriecht,
als gäbe es nicht schon genug Ratten, die in Häusern wohnen,
wo sind in Aleppo die schönen Hemden,
wie ich sie in Hama sah, wo ich sie links liegen ließ,
Hemden und Gilets,
vielleicht ist es der Regen, der einen dicken Vorhang bildet,
fast wie Stoff mit Golddrähten,
vielleicht ist es die Zahl der Eindrücke,
was habe ich eigentlich alles im Suq gesehen,
ich glaube, einfach alles, was man sich vorstellen kann,
alles, alles, und doch immer wieder Neues,
es sind so viele Bilder, die sich überlagern,
und dennoch, ich kann sie unterscheiden, voneinander trennen,
Totenklage mitten im rauschenden Verkehr,

Fernsehaufnahmen vor der Zitadelle,
eine immense, aber zerfallene Moschee,
auch Weltkulturgut,
ach Unesco, du bist nur Papier,
und du UNO, an der 42. Straße in New York ein enormer Klotz,
ein Berg von zu Pulver verarbeiteten Gewürzen, kunstvoll wie die Natur,
ein Handwagen übervoll mit Feigen und Datteln,
Geräusche überall, es hallt, es plätschert, Türen fallen zu.

Tausende von Postfächern auf dem Hauptpostamt,
jedes dieser Fächer erwartet etwas,
ihre Besitzer sind vielleicht:
syrisch-orthodox, griechisch-orthodox, armenisch-orthodox, griechisch-
    katholisch, sunnitisch, alawitisch, ismaelitisch, schiitisch, drusisch,
    zarathustrisch.

Aleppo, Halab, du bist ein einziges Labyrinth,
das verwirrt, das erfreut, das erstaunt, das deprimiert,
überall Waren, die auf einen Käufer warten,
zum Teil wohl schon seit Jahren,
Aleppo, du hast einen Bahnhof, der dich mit Europa verbindet,
der dich mit Mesopotamien verbindet,
der dich mit dem Mittelmeer verbindet,
der dich mit den Wüstenoasen verbindet,
eine Fahrkarte erster Klasse nach Lattakia kostet soviel wie 5 1/2 kg Orangen,
ist das viel, ist das wenig?
Ein Bahnhof mit Zugskompositionen aus der ehemaligen DDR,
drei Züge nach Lattakia, ein Zug nach Damaskus,
Nord-Süd-Gefälle wie überall,
wer will schon in den verschlafenen Süden,
wo die Staatsbeamten das Zepter halten,
allo marhaba, hon Halab,
zurück ins Straßengewirr des Weltkulturgutes,
aber was soll das bedeuten,
für den, der nichts zu essen hat,
für den, der mit seinen zwei Kindern und einer Infusionsflasche bettelnd
    umherzieht,
für den, der noch nie wirklich satt war,
für den, dem gesagt wird, alles Alte sei übel und überholt,
für den, der keine Chance hat, sich eine eigene Meinung zu bilden,
für die, die noch nie etwas anderes gesehen haben,
für die, die jedes Jahr wieder schwanger ist,
aber wie muss das Leben in Bombay sein?

Niemand lagert hier halbtot auf dem feuchten Gehsteig,
dennoch, Abfall lagert überall,
es regnet in Strömen, und nirgends kann das Wasser ablaufen,
trotzdem sehe ich Damen mit eleganten, sauberen Schuhen,
wie machen die das nur?
Haben die stets einen Schuhputzer bei sich?
Meine Schuhe sind erbärmlich schmutzig,
die Hosenbeine fast bis zu den Knien verspritzt,
unvermittelt stehe ich in einem ärmlichen Viertel,
überall kleine Handwerksbuden, am offenen Feuer wird gearbeitet,
unzählige Kinder, was soll aus all denen nur werden?
Was ist ein würdiges Leben?
Muss es dazu aussehen wie in einem noblen Restaurant im Armenierviertel,
für mich braucht es eine Parkanlage mit Aleppokiefern und Libanonzedern,
was wäre, wenn ich hier geboren wäre?
Wäre ich den Bettlern gegenüber teilnahmslos,
wären mir todgeweihte Schafe egal,
übersähe ich die blitzenden Augen von Prinzen und Prinzessinnen,
wäre ich syrisch-orthodox, griechisch-orthodox, armenisch-orthodox,
    griechisch-katholisch, ein Sunnit, ein Alawit, ein Ismailit, ein Schiit, ein
    Druse oder ein Kurde oder wäre ich ganz einfach ein Araber?

Alep Central Voyageurs,
Alep Central, gibt es noch andere Bahnhöfe in der Stadt?
Um 07:00 Uhr soll der Zug abfahren,
eine Komposition mit alten Wagen,
vielleicht von der deutschen Reichsbahn,
in der ersten Klasse wird es wärmer und wärmer,
syrischer Winter, so mild wie bei uns der Frühling,
syrische Landschaft, fruchtbare Erde,
eine zweite Kartoffelernte,

Abb. 3 Panoramaaufnahme vom Basar für Stoffe und Teppiche.

Gemüse so weit das Auge reicht,
hier also wächst der Nachschub für die unzähligen Märkte,
Radieschen so groß wie Tomaten
Olivenbäume, die Olivenwälder bilden,
deshalb gibt's Oliven schon zum Frühstück,
ein Kiefernwald auf den sanften Hügeln,
Alep Central Voyageurs steht auf einem blauen Schild,
um 07:00 Uhr ist der Zug abgefahren,
dann erscheinen vor meinen Augen
in Kolonnen stehende Pistazienbäume
und Gebirge von Nüssen im Suq.

Aleppo, du bist bereits Erinnerung,
fest verankerte Erinnerung,
dort bleibst du für immer.

(Der Text basiert auf zwei früheren Versionen, die der Autor für diese
Ausgabe leicht modifiziert hat: Ivo Zanoni, damaskuserlebt und
aleppobegeistert. Syrien: Wie viele Gesichter hast du eigentlich?
Kleinepos, Basel 1999 und Ivo Zanoni, Osten – Westen. Auf den Wegen
zwischen Ost und West, zweisprachige (deutsch-arabische) Version,
Historisches Museum Basel 2013)

Die Geschichte –

Was bisher geschah

DIE STADTENTWICKLUNG ALEPPOS BIS IN DAS 19. JH.

Heinz Gaube

Aleppo in vorhellenistischer Zeit

Der Anfang Aleppos liegt wie der aller größeren alten Siedlungen Syriens im Dunkel der vorgeschichtlichen Zeit. Konkrete historische Hinweise in geschriebenen Quellen haben sich erst aus dem 2. Jt. v. Chr. erhalten, als Aleppo teils zur Einflusssphäre Ägyptens, teils zu der der kleinasiatischen Hethiter und teils zur Einflusssphäre von Staaten des Zweistromlandes gehörte. Die Siedlung wurde von einigen Gelehrten auf dem Hügel im Westen der ummauerten Stadt,

in das maximal 21 m über das Niveau seiner Umgebung aufsteigende Stadtviertel al-Aqaba lokalisiert. (Abb. 4a–c) Hier läge der „Tell" (der altorientalische Siedlungshügel) von Aleppo. Diese Hypothese hat manches für sich. Denn die zwei Determinanten, welche zur Entstehung Aleppos an seinem Platz führten, sind fraglos der im Frühjahr bisweilen rauschende Fluss Quwaiq und der Fels, auf dem die Zitadelle steht. Der Zitadellenhügel bot den Menschen in alten Zeiten Schutz vor Feinden, der Fluss bot ihnen Wasser. (Abb. 5)

Abb. 4a Die Zitadelle wurde von 2005 bis 2008 mit Hilfe der Aga-Khan-Stiftung saniert.

Abb. 4b/c Bei den Untersuchungen durch deutsche Archäologen von 1995 und 2005 wurde ein hethitischer Tempel aus dem 12. Jh. v. Chr. entdeckt. Die Bilder zeigen zwei Reliefs der Tempelfassade.

Abb. 5 Eingang der Zitadelle von Nordosten.

Darüber hinaus wurden auf der Zitadelle Reste eines Heiligtums ausgegraben, die bis in das 3. Jt. v. Chr. zurückgehen. Der Tell liegt auf der kürzesten Verbindungslinie zwischen Fluss und Zitadellenhügel und die Hauptachse des heutigen Suq folgt dieser Linie genauso.

Das antike und das byzantinische Aleppo

In hellenistisch-römischer Zeit nahm Aleppo möglicherweise einen beachtlichen Aufschwung. Der König Seleukos I. Nikator (358–281 v. Chr.) hatte zwischen 301 und 281 v. Chr. die Siedlung Beroia südlich und östlich des Tell, und diesen partiell mit einschließend, gegründet. Ein ernstzunehmender Hinweis auf eine solche Stadt ist das regelmäßige Grundmuster der Straßenführung im Westen und Südwesten der heutigen ummauerten Stadt. Von einem Tempel fehlt ebenso jede Spur wie von einer hellenistisch-römischen Stadtmauer. Wenn Aleppo damals überhaupt befestigt gewesen ist, so mag dies

Abb. 6 Säulen der byzantinischen Kapelle, eingebaut in die Madrasa al-Halawiya.

durch eine Lehmziegel- oder Lehmmauer geschehen sein. Was soll uns zu der Annahme veranlassen, dass Aleppo immer schon seine jetzigen stolzen Steinbauten besessen hat? Bis in das 5. Jh. n. Chr. stand es doch tief im Schatten von Antiochia. (Abb. 6) Es war damals wirtschaftlich eher nach dem Osten, in das Euphrat-Tal und zum Dschabbul, in ein Lehmbauten-Gebiet schlechthin, ausgerichtet, in dem Städte wie das hellenistische Dura oder die in ihrer jetzigen Gestalt justinianischen Siedlungen Halabiya und Resafa Ausnahmen darstellten. In byzantinischer Zeit ist Aleppo wieder unter seinem alten Namen belegt. Es wurde 540 durch den Sasanidenkönig Chosrau I. (reg. 527–579) erobert, geplündert und niedergebrannt. Unter Justinian (518–565) wurde die Stadt aber bald nach dieser Zerstörung wieder aufgebaut und mit einer neuen Mauer, wahrscheinlich aus Steinquadern, umgeben. Aus dieser Zeit finden sich in schriftlichen vorarabischen und arabischen Quellen wenige klare Hinweise und die materiellen Zeugnisse sind sehr schütter. Im Osten und Südosten, in den heutigen Vororten Qadi Askar und as-Sachana sind byzantinische Kapitelle und Säulenreste erhalten. Sie sind aus Basalt gefertigt, zwei mögliche Hinweise auf die Ostbindung Aleppos an die Basaltgebiete des Dschabal Hass und des Dschabal Schubait. Hier könnten sich in byzantinischer Zeit Vororte gebildet haben. Die beiden Feldzüge des Perserkönigs Chosrau Anoschervan gegen Syrien in den Jahren 539 und 540 brachten eine Wende zum Schlechten. Das alles überragende Zentrum Antiochia wurde durch die Perser eingenommen und stark zerstört, der wirtschaftlich wichtige Teil seiner Bewohner nach Ktesiphon deportiert, und auch Aleppo kam nicht ohne Schaden davon. Glaubt man den Schilderungen des byzantinischen Historikers Prokopios über den zweiten Feldzug, so war Aleppo alles andere als reich und seinen Mauern, von denen in diesem Text die Rede ist, trauten die Aleppiner wenig zu. Sie hatten

Abb. 7 Gewürzbasar. Aufnahme aus dem Jahr 1998.

sich nämlich schon vor Chosraus Ankunft auf die Zitadelle geflüchtet, während die Perser die Stadt anzündeten. Sollte das richtig sein, so wäre das ein Hinweis auf brennbare Bauten in der Stadt: z. B. Holzdächer und Holzdecken sowie eventuell ein aus Holz errichteter Vorgänger des Suq (Bazar), der auch noch im 12. Jh. ganz oder zumindest zum großen Teil aus Holzkonstruktionen bestand. (Abb. 7)

Diesen Feldzügen folgte der „ewige" Frieden zwischen Persern und Byzantinern, in dem Aleppo nicht im Geringsten abgestiegen sein muss. Der Schlag, den Antiochia hinzunehmen hatte und von dem es sich nie mehr erholte, bedeutete nicht gleichzeitig einen Schlag für ein

Abb. 8 Blick auf die Altstadt mit der Umayyaden-Moschee und der Zitadelle. Foto aus den 1950er-Jahren.

Subzentrum wie Aleppo, ganz im Gegenteil. Aus dem Schatten des alles überragenden Antiochia getreten und unter der keineswegs für Syrien schädlichen Herrschaft Justinians konnten sich gerade die östlichen Teile Syriens entwickeln. Justinian hatte dem Land Frieden durch seine Religionspolitik beschert, seine Militärpolitik schuf Ruhe an der Grenze zur Wüste und die Landwirtschaft expandierte in diesen neubefriedeten Gebieten, ideale Voraussetzungen für eine Stadt wie Aleppo, deren natürliche wirtschaftliche Ausrichtung damals eben in Richtung dieser Gebiete ging.

Aleppo in frühislamischer Zeit

Einen entscheidenden Einschnitt in der Geschichte Aleppos bildet die Übergabe der Stadt an die Muslime im Jahre 535. Große Bedeutung scheint Aleppo damals nicht besessen zu haben. Administrativ war es den Provinzen Homs bzw. Qinnasrin (südlich von Aleppo) zugeschlagen und in der Umayyadenzeit (661–750) wurde es von der Reichshauptstadt Damaskus weit überstrahlt. Doch ist schon damals, entweder durch den Kalifen al-Walid (705–715) oder dessen Bruder Sulayman (715–717), die Große Moschee errichtet worden, die in einem in byzantinischer Zeit zur Kathedrale gehörigen Garten gebaut wurde. (Abb. 8)

Nach 750, d. h. nach dem Sturz der Umayyaden durch die Abbasiden, verlagerte sich das Reichszentrum von Syrien nach Osten in den Irak. War Aleppo bis 750 zwar innerhalb Syriens nur von sekundärer Bedeutung, Syrien als Zentrum des Reiches aber allen anderen Teilen gegenüber wirtschaftlich privilegiert – und damit auch Aleppo im Reichsrahmen gesehen – so sollte sich das in den folgenden Jahrhunderten ändern. Wie im 2. Jt. v. Chr. gerät die Stadt in das Spannungsfeld zwischen dem Zweistromland, d. h. den Abbasiden und Ägypten, wo sich 858 ein abbasidischer General, Ahmad b. Tulun, von den Abbasiden gelöst und einen eigenen Staat gegründet hatte. Ahmad b. Tulun gewann 877 weitere Teile Syriens für sein Reich und so kam auch Aleppo zeitweilig unter tulunidische Herrschaft. 902/3, kurz vor dem Untergang der Tuluniden, belagerten die Karmaten, Angehörige einer extremen schiitischen Sekte, die ihr Zentrum auf Bahrain und dem ihm gegenüber auf der Arabischen Halbinsel gelegenen Festland hatten, Aleppo und 935/7 wurde die Stadt von den Ichschididen, die nach einem 20-jährigen abbasidischen Zwischenspiel 935 Ägypten unter ihre Kontrolle gebracht hatten, erobert. Doch konnten die Ichschididen die Stadt nur wenige Jahre halten, denn 944 verleibte der Hamdanide Saif ad-Daula sie seinem Staat ein, der sich in Nordmesopotamien mit dem Zentrum Mosul seit 904 entwickelt hatte, und machte sie zu seiner Hauptstadt. Saif ad-Daula machte Aleppo zu einem der geistigen Zentren seiner Zeit und ist auch als aktiver Glaubenskämpfer gegen die Byzantiner in die Geschichte eingegangen. Saif ad-Daulas Kriegsglück gegen die Byzantiner, und damit auch Aleppos Glanz unter den Hamdaniden, währte aber nur 18 Jahre. 962 eroberten die Byzantiner die Stadt, richteten in ihr Zerstörungen großen Ausmaßes an, plünderten sie und führten einen Teil der Bevölkerung in die Gefangenschaft. Eine über 50-jährige dunkle Periode in der Geschichte Aleppos begann, in der es, mehr Ruinenstätte als Stadt, Spielball zwischen den Byzantinern, den Hamdaniden, den Fatimiden, die 969 Ägypten vom heutigen Tunesien her erobert hatten, und arabischen Nomadenfürsten der Umgebung wurde. Wie Aleppo nach dieser ersten Verwüstung wirkte, können wir dem Bericht des Ibn Hauqal (um 978) entnehmen: Vor seiner Zeit war Aleppo eine wohlhabende und bevölkerungsreiche Stadt. Dann hatten sie die Byzantiner erobert (im Jahre 962), viele ihrer Einwohner getötet oder in die Gefangenschaft geführt, Moscheen zerstört und Häuser niedergebrannt. Vor der byzantinischen

Eroberung besaß Aleppo Suqs, Bäder, Chane (Karawansereien), viele Stadtviertel und weite Plätze. Sein Trinkwasser kam aus dem Quwaiq. Muqaddasi schildert wenige Jahre später: Aleppo war schön, bestens befestigt, seine Einwohner galten als kultiviert und reich, es war aus Stein gebaut und volkreich. Seine Zitadelle war stark und groß. Sie besaß eine eigene Wasserversorgung. Die Große Moschee lag in der Stadt. Das Trinkwasser floss aus dem Quwaiq nach Aleppo. Weiter erwähnt er sieben Tore.

Aleppo von den Fatimiden bis zu den Mamluken

1015 brachten die Fatimiden Aleppo unter ihre Kontrolle, um es aber nur acht Jahre später an die Mirdasiden, arabische Nomadenfürsten des Kilab-Stammes, welche die Bevölkerung Aleppos in die Stadt gerufen hatte, zu verlieren. Die Herrschaft der Mirdasiden über Aleppo war fortwährend durch die Fatimiden gefährdet, die die Stadt mehrfach zurückeroberten. 1079 verloren sie Aleppo an die Uqayliden, eine andere arabische Nomadendynastie, die in den 80er-Jahren des 11. Jhs. das Gebiet zwischen Bagdad, Mosul und Aleppo unter ihre Herrschaft gebracht hatten. (Abb. 9)

Doch all dieses Hin und Her spielt sich schon unter den Augen einer neuen Großmacht im Osten ab, den Seldschuken, die sich ab 1035 Iran unterworfen hatten und deren Führer Toğrul Beg (1037–1063) 1055 vom Kalifen zum Sultan – das war der Titel des weltlichen Herrschers im Rest des Abbasidenreiches – ernannt worden war. 1085 setzte der Seldschuke Malik-Schah (1072–1092) einen Gouverneur in Aleppo ein und verleibte damit die Stadt seinem Reiche ein.

Nach Malik-Schahs Tod übernahm der seldschukische Teilherrscher von Damaskus, Tutusch b. Alp-Arslan (1079–1095), ein Bruder MalikSchahs, die Herrschaft von Aleppo. Nach ihm herrschte sein Sohn Ridwan (1095–1113) über

Abb. 9 Zeichnung aus Bergk. 1799 im Besitz der Bayerischen Staatsbibliothek München. Blick auf die Altstedt und die Zitadelle.

Aleppo. Dieser kleine Seldschuken-Staat um Aleppo war nahezu wehrlos der größten Gefahr des muslimischen Syrien der damaligen Zeit ausgesetzt, den Kreuzfahrern, die die Umgebung von Aleppo verwüsteten, seine Handelswege unterbrachen und die Stadt an den Rand des Ruins brachten. Die 16 Jahre zwischen Ridwans Tod 1113 und 1129, als Sultan Sandschar dem Atabeg („Vormund, Beschützer, Tutoren", seldschukischer Prinzen) Imadaddin Zangi von Mosul Aleppo zum Geschenk gab, sind eine weitere dunkle Periode in der Geschichte der Stadt.

Unter den Zangiden sollte sich das aber ändern. Imadaddin (1127–1146) ging entschieden und erfolgreich gegen die Kreuzfahrer vor, sorgte für den wirtschaftlichen Aufschwung seines Staates und hinterließ seinem Sohn Nuraddin (1146–1173), der nach seinem Tod die Herrschaft in Aleppo antrat, eine schon wieder gesundete Stadt, für deren Ausbau und Verschönerung Nuraddin keine Mühe und Mittel scheute. Nuraddin erneuerte die Stadtmauer, die Zitadelle, die Große Moschee, baute die Suqs neu und ließ die Wasserleitung restaurieren. Wie Aleppo erstrahlte damals auch das gleichfalls zu Nuraddins Staat gehörende Damaskus im Glanze neuer Bauten. Nuraddin war ein erfolgreicher Feldherr gegen die Kreuzfahrer und ein entschiedener Verfechter des sunnitischen Islam, wofür sich ihm im durch Hamdaniden und Fatimiden schiitisch „verseuchten" Syrien ein weites Betätigungsfeld bot. Nuraddin gründete zahlreiche Madrasas (islamische „Hochschulen") in der Stadt, nicht immer zur Freude der Bevölkerung, die sich wegen seiner strikt sunnitischen Religionspolitik im Jahre 1157 gegen ihn erhob. Von diesen Madrasas haben sich einige bis auf den heutigen Tag erhalten. Nuraddin schuf auch andere Lehrstätten und gründete ein gleichfalls heute noch erhaltenes Krankenhaus. Die Zeit Nuraddins war eine „goldene" Zeit für Aleppo und spätestens damals wurde die Gestalt der Innenstadt in ihren bis heute überkommenen Grundzügen geprägt. Bis 1181 herrschte Nuraddins Sohn Ismail über Aleppo und nach dessen Tod fiel die Stadt an die Zangiden von Mosul und Sindschar, die sie 1183 dem Ayyubiden Salahaddin (Saladin) schenkten, der seinen Sohn Gazi zu ihrem Gouverneur und 1185 zu ihrem König ernannte. Mit Gazi setzte eine weitere Blütezeit Aleppos ein, das sich bis zu dessen Tod 1216 – und über diesen hinaus bis zum Ende der Ayyubidenherrschaft über Aleppo im Jahre 1260 – kräftig weiterentwickeln konnte und den Höhepunkt seiner mittelalterlichen Entwicklung nach über 130 friedlichen Jahren erreichte. Gazi setzte Nuraddins Politik fort. Neue Vororte entstanden außerhalb der Mauern, die Stadtmauer wurde modernisiert und verstärkt, die Zitadelle weitestgehend renoviert, die Suqs wurden vergrößert, um den wachsenden Handel Aleppos – den auch Handelsverträge mit Venedig aus den Jahren 1207, 1225, 1229 und 1254 widerspiegeln – gerecht zu werden, die Wasserleitung der Stadt wurde erneuert und erweitert und zahllose religiöse und weltliche Bauwerke entstanden.

Dieser friedlichen Zeit folgte 1260 die Katastrophe. Die Mongolen eroberten die Stadt, plünderten und zerstörten und richteten den letzten Ayyubiden Yusuf hin. Den Vormarsch der Mongolen nach Westen hielten die 1250 als Nachfolger der Ayyubiden in Ägypten an die Macht gekommen Mamluken im September 1260 bei Ain Dschalut in Palästina auf und sie sollten die Geschicke Aleppos für weitere 258 Jahre bis zur osmanischen Eroberung Syriens im Jahre 1518 bestimmen.

Aus den schriftlichen Quellen können wir Aleppo nicht rekonstruieren. Dennoch lassen sich gewisse Folgerungen zur Geschichte und zur – wie man heute sagen würde – Perzeption Aleppos durch Fremde ziehen. Kennzeichen Nummer eins Aleppos in den Beschreibungen zwischen dem 11. und 15. Jh. war die Zitadelle, die von allen Autoren erwähnt wird.

Sie galt (Ausnahme Ibn Hauqal) als stark. Ihre unabhängige Wasserversorgung wird hervorgehoben. Ab 1184 werden der Maqam Ibrahim und ein die Zitadelle teilweise oder ganz umgebender Graben erwähnt. Vor 1229 befanden sich in ihr eine Freitagsmoschee, ein Maidan (Poloplatz) und Gärten. Südlich von ihr lag ein Friedhof. Die Befestigung der Stadt galt 985, 1047 und um 1050 als solide. Vier, sechs oder sieben Tore werden erwähnt. Mehrere Autoren erwähnen den Suq. Um 1050 muss der Stoffhandel sein größtes Ausmaß erreicht haben. In diesem Zusammenhang ist auch von einer Qaisariya der Stoffhändler die Rede. 1184 wird der Suq als ausgedehnt, ganz oder teilweise aus Holz gebaut und von hölzernen Dächern bedeckt beschrieben. 1355 ist auch von der Qaisariya und von den die Große Moschee umgebenden Suqs die Rede. Ein Krankenhaus, Madrasas, Moscheen, Bäder und Kirchen werden erwähnt und von zahlreichen Plätzen schreibt Ibn Hauqal. 1185 war die Stadt auf allen Seiten von Vororten umgeben, in denen Chane lagen. Oft wird auf die Trinkwasserversorgung hingewiesen, die durch den Quwaiq und später zusätzlich durch den Sadschur erfolgte. Mitte des 11. Jhs. standen aber angeblich nur Zisternen zur Verfügung, die auch zu anderen Zeiten als zusätzliche Wasserquellen dienten. Hätten wir nur diese auswärtigen Quellen, stünde es schlecht um die Überlieferung dieses Abschnitts der Geschichte von Aleppo. Mehr als ein sehr allgemeines Bild lässt sich aus ihnen nicht gewinnen.

Von solchen allgemeinen Angaben müssen wir oft zehren, beschäftigen wir uns mit islamischen Städten des Mittelalters – nicht aber im Falle von Aleppo. Hier haben einheimische Gelehrte Beschreibungen der Stadt verfasst, von denen die des Ibn Schaddad (gest. 1205) und die des Ibn al-Adschami (gest. 1479) für unsere Fragestellung von besonderer Wichtigkeit sind. Ibn Schaddads Beschreibung Aleppos füllt 175 Druckseiten. Nach einleitenden Kapiteln über die Lage der Stadt, ihr Horoskop, ihren Ursprung und die Etymologie ihres Namens wendet er sich den Bauwerken zu. Erst werden die Stadtmauer, die Qalat asch-Scharif (ein wohl ursprünglich befestigter Vorort) und das Hippodrom behandelt, danach die Stadttore (14 an der Zahl), die Zitadelle und einige Paläste. Dem schließt sich ein Kapitel über die Vorzüge (fadail) Aleppos an und danach werden die Große Moschee und drei weitere Freitagsmoscheen behandelt. Ibn Schaddad wendet sich sodann den Wallfahrtsorten (Mazarat) in und um Aleppo zu und führt danach die Moscheen Aleppos, fast 700 (!), listenmäßig auf. Er behandelt sodann die Chanqahs und Ribats (ähnlich Chanqah) und danach die Madrasas besonders gründlich. Eine Liste von acht Dar al-Hadith (ähnlich Madrasa) schließt sich an. Es folgen Talismane, Kuriositäten und heiße Quellen in und um Aleppo sowie eine Liste von Hammams (Bädern). An sie schließt sich ein äußerst interessantes Kapitel über den Quwaiq und das Wasserversorgungssystem Aleppos durch unterirdische Kanäle an, die zu öffentlichen Brunnen, Moscheen, Madrasas, Bädern und Privathäusern führten. Angaben zum Steueraufkommen von Aleppo und Lobpreisungen auf Aleppo aus den Federn einer Reihe berühmter oder weniger berühmter Literaten schließen das Buch ab.

Noch viel informativer sind die Werke zweier späterer Aleppiner Historiker aus dem 15. Jh., Ibn al-Adschami (gest. 1479) und Ibn asch-Schihna (gest. 1485) und die detaillierte, um 1900 entstandene Beschreibung Aleppos durch al-Ghazzi, auf die hier nicht eingegangen werden kann. Der Unterschied zwischen Ibn al-Adschami und Ibn Schaddad ist, zumindest für unsere topografischen Belange, der zwischen Qualität und Quantität. Ibn al-Adschami protzt nicht mit einer Liste von ca. 700 Moscheen, sondern beschränkt sich auf die etwas über 40 Freitagsmoscheen der Stadt. Diesen widmet er aber mehr als 30 Seiten, davon 15 Seiten der Großen Moschee. Etwa im selben Umfang behandelt er dann ca. 50 Madrasas, gefolgt von im Allgemeinen etwas kürzer gehaltenen Abschnitten über andere religiöse oder wohltätige Gebäude: Koran- und Hadith-Schulen, Chanqahs, Ribats und Zawiyas, Mausoleen und Schulen für Waisenkinder. Diesen Kapiteln folgt der Teil des Buches, der Ibn al-Adschami für uns äußerst wichtig macht und ihn weit über seinen Vorgänger Ibn Schaddad und seinen Zeitgenossen Ibn asch-Schihna stellt: das Kapitel über die Straßen Aleppos. Mit ihm legt er für uns ein (wenn auch nicht in allen seinen Teilen sicher entwirrbares) Netz von Linien mit den an ihnen liegenden Bauwerken über die Stadt, in das wir einerseits verschwundene Bauwerke einhängen können, das uns aber vor allem auch Aufschluss darüber gibt, wo sich Wegtrassen seit dem 15. Jh. verlagert haben und wo sie dieselben geblieben sind, wie auch, welche Wertigkeit diese Straßen hatten. Er beginnt mit der Qasaba (Haupt)-Straße, die vom Bab (Stadttor) Antakiya zur Zitadelle führt, der Hauptachse des heutigen Suqs, und wendet sich dann den Straßen/Gassen zu, die von ihr abzweigten sowie den Straßen/Gassen, die von diesen abzweigten bzw. sie schnitten. Das sind zusammen nicht weniger als 13. Danach folgt die Erwähnung/Beschreibung von 65 weiteren Straßen/Gassen. Der Versuch, den Angaben Ibn al-Adschamis im heutigen Plan von Aleppo nachzuspüren, führte zu dem überraschenden Ergebnis, dass nur drei Straßen/Gassen überhaupt nicht lokalisiert werden konnten, drei Straßen/Gassen unsicher und zehn Straßen/Gassen nicht mit voller Sicherheit. Zu einem ähnlichen Ergebnis führte der Versuch, die von Ibn al-Adschami erwähnten Quartiere und die in ihnen gelegenen Moschee sowie andere Bauwerke zu identifizieren. Bei der Lektüre von Ibn al-Adschamis Text fühlt man sich über weite Teile in Ibn al-Adschamis Zeit zurückversetzt. Inschriften, die er gelesen hat, kann man heute noch lesen, Bauten, die er als Landmarken innerhalb der Stadt genannt hat, stehen heute noch. Den Abschluss seines Werkes bilden Kapitel über die Zitadelle, das Gerichtsgebäude, die Stadtmauer, ihre Tore, die Hippodrome und den Quwaiq.

Ibn al-Adschamis Beschreibung der Straßen von Aleppo ist ein Zeugnis von kaum zu überschätzendem Wert. Objektiv gibt sie uns viele auch heute noch im Gelände nachprüfbare Informationen. Sie erlaubt uns die Feststellung, dass das Hauptwege-Netz der heutigen Altstadt Aleppos weitestgehend mit jenem der Stadt des 15. Jhs. identisch ist. Auf Grundlage der Informationen Ibn al-Adschamis und seines Zeitgenossen Ibn asch-Schihna war es möglich, die Quartiergliederung der Stadt des 15. Jhs. innerhalb und außerhalb der Stadmauer und die ihr unterliegenden Regeln zu bestimmen. Es hat sich gezeigt, dass das wirtschaftliche Zentrum der Stadt zwischen der Bab Antakiya- und der Bab al-Dschinan-Achse lag und dass eine deutliche Wachstumstendenz von diesem Areal aus in nördlicher Richtung bestanden hat. Hier, weiter im Norden, lagen das Gebiet der Seifenfabriken und Färbereien und die Suwaiqa Hatim, in die sich die drittwichtigste Achse, die Bab an-Nasr-Achse, in ihrem Südteil verzweigte. Die Nordost- und die Südost-Achse der Stadt dienten überwiegend dem Handel mit und der Lagerung von ländlichen Produkten, während Freiflächen innerhalb und außerhalb der Mauern im Süden und Südosten vielfältig und wechselnd für Handel und Vergnügungen genutzt wurden. Deutlich ist dabei geworden, dass die Quellen des 15. Jhs. die früheste verlässliche und interpretierbare Grundlage für eine Betrachtung der Stadt darstellen. Ihr besonderer Wert liegt darin, dass wir von ihnen ausgehend die Veränderungen zwischen dem 15. und dem 19. Jh. einigermaßen verlässlich verfolgen können. Dabei wird sich zeigen, dass die Stadtentwicklung seit dem 15. Jh. festen Linien gefolgt ist, was uns ermutigen kann, auch einen Blick in die Zeit vor dem 15. Jh. zu werfen, für die unsere Quellen, besonders unsere Quelle Ibn Schaddad, wesentlich weniger aufschlussreich sind.

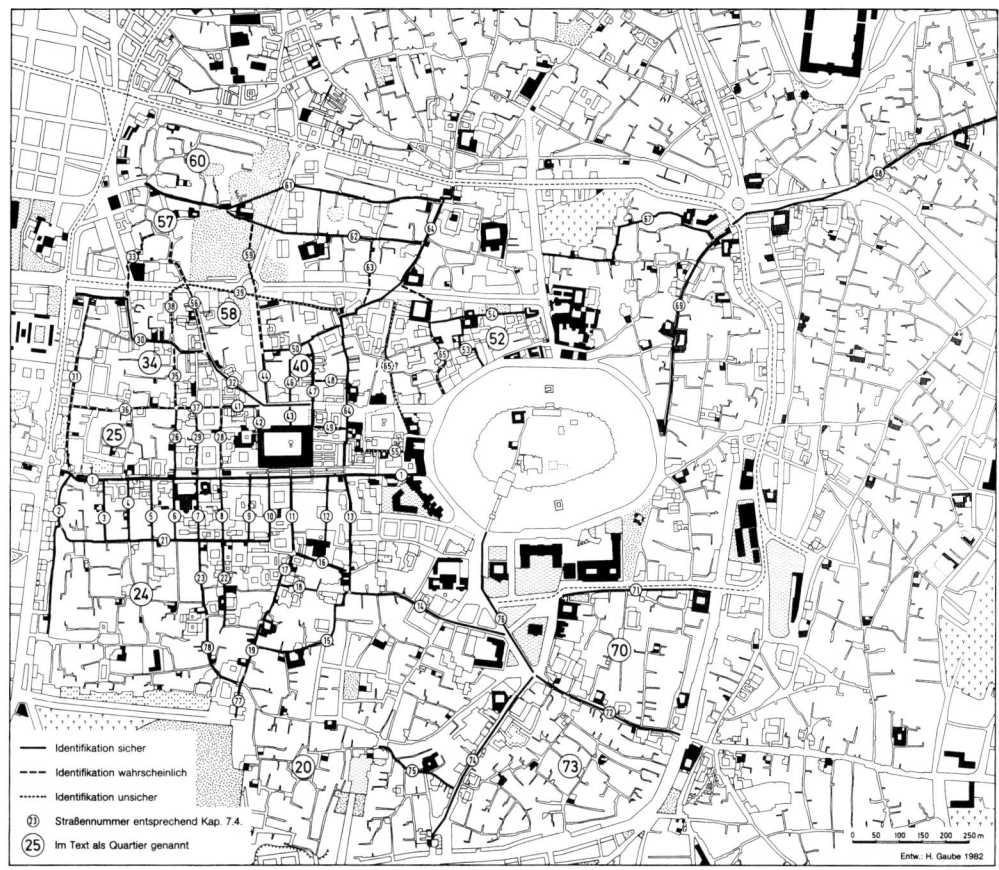

Abb. 10 Plan der Altstadt nach Gaube und Wirth, 1984, Aleppo im 15. Jh.

Aleppo in osmanischer Zeit

Die Lage Aleppos am Anfang des 15. Jhs. unterschied sich kaum von der zu Beginn des 14. Jhs. Aber die internationale Lage hatte sich zugunsten Aleppos verändert. Die Handelswege vom Iran nach Europa über Kleinasien waren infolge der politischen Veränderungen in Kleinasien und aufgrund des Kampfes zwischen Timuriden und Osmanen unterbrochen; so konnte Aleppo den profitablen Seidenhandel zwischen den Herstellungsgebieten in Nordiran und den italienischen Städten, besonders Venedig, an sich ziehen. Die Stadt erlebte in der zweiten Hälfte des 15. Jhs. einen gewaltigen Auf-

schwung, überall entstanden neue Gebäude, die verödeten Vorstädte füllten sich wieder mit Menschen, neue Vorstädte wurden angelegt und die Stadtmauer wurde erweitert, sodass sie die vormals außerhalb liegenden Vorstädte im Norden und Osten umschloss. Der Suq wuchs. (Abb. 10) Dieses Wachstum setzte sich Anfang des 15. Jhs. fort und die osmanische Eroberung der Stadt brachte keinerlei Einschnitt, – ganz im Gegenteil – Aleppo konnte sich in Kleinasien neue Märkte erschließen und seinen Handel mit Europa aktivieren. 1548 wurde ein venezianisches Konsulat in der Stadt eröffnet, 1562 folgte dem ein französisches, 1583 ein englisches und 1613 ein holländisches. Aleppo war zum wichtigsten Handelsplatz im östlichen Mittelmeer geworden. Diese Stellung sollte es zwar im 18. Jh. an Smyrna verlieren; dennoch florierte seine Wirtschaft, wenn sich auch Hochs und Tiefs abwechselten, bis an die Schwelle der Gegenwart, wovon die zahllosen bis in die Zeit vor dem Ersten Weltkrieg angelegten Handelsanlagen Zeugnis abgeben.

Einer Glanzzeit der Stadt unter den Zangiden und Ayyubiden (1127–1260) war also eine lange, wenn auch Schwankungen unterworfene Periode des Wohlstandes gefolgt, deren Höhepunkt zwischen dem Ende des 15. Jhs. und dem Ende des 16. Jhs. lag. Ab dem 16. Jh. beginnt eine neue Quellengattung zu fließen, der wir für die vorosmanische Periode keine nennenswerten Informationen entnehmen konnten: europäische Werke, genauer die Berichte von europäischen Reisenden, die Aleppo besucht haben, oder von Europäern, die längere Zeit in Aleppo gewohnt haben. Zwar enthält keines dieser Werke die Fülle von topografischen und historischen Informationen, welche die Werke der Aleppiner enthalten. Sie bieten aber eine neue Dimension von Information: Beobachtungen des Lebens in Aleppo, der Gewohnheiten seiner Bewohner, kurz: Bewegung, der die Statik der einheimischen Quellen gegenübersteht. Sie erlauben uns, die in den vorangegangenen Kapiteln behandelten Gassen und Gebäude imaginär mit Leben zu füllen, und sie dienen uns als Führer durch die osmanenzeitlichen Gassen und Gebäude, die sich bis in unsere Tage erhalten haben. Sie stellen gewissermaßen eine Brücke zwischen unseren bisherigen Betrachtungen und der Betrachtung der Stadtentwicklung unter den Osmanen dar. Von dem Zeithorizont 1518 aus gesehen, gelten sie also für Vergangenheit und Zukunft.

In den frühen Jahrhunderten der Osmanenherrschaft über Aleppo vollzogen sich einschneidende Veränderungen in der Innenstadt. Die osmanische Eroberung Syriens und Ägyptens scheint gerade das gewesen zu sein, worauf die Stadt gewartet hat. Und war das vielleicht damals ihren Bewohnern nicht so deutlich, woran aber berechtigte Zweifel gehegt werden können, denn sicher sah ein Aleppiner Kaufmann des frühen 16. Jhs. die internationale Lage pragmatisch und die Grenze zwischen Mamluken- und Osmanenreich als ein Hindernis für die freie Entfaltung seiner Geschäfte, so zeigt dies der Baubestand in der Innenstadt und die klare Kontinuität der Entwicklung zwischen den letzten Jahren der Mamlukenherrschaft und den frühen osmanischen Jahrhunderten ganz deutlich. Ohne die osmanische Eroberung hätte sich die Innenstadt, und hier besonders ihr Kernstück, die Medina, nicht entwickeln können, wie sie sich entwickelt hat. Die neuen Handelsverbindungen, die Aleppo im letzten mamlukischen Jahrhundert an sich gezogen hatte, besonders den Handel mit Iran und Europa, hätten sich unter den Mamluken nicht so frei entwickeln können. Nun aber, nach der osmanischen Eroberung, war Aleppo in ein Reich eingebunden, das von Bagdad bis Ungarn und von Armenien bis weit nach Nordafrika reichte. Somit standen der Entfaltung des Handels in Aleppo keine politischen Grenzen entgegen – und die kleinen Schwierigkeiten, die die osmanische Administration machte, hatte vorher die mamlukische auch gemacht. Die Stadt war immer eine Pfründe, die die Gouverneure, Fremde wie Mamluken und Osmanen, so viel wie nur möglich auszubeuten gedachten. Die Aleppiner hatten hier nur zu versuchen, dass sich dies im Rahmen des wirtschaftlich Verkraftbaren hielt und dass die Gouverneure möglichst persönliches Interesse am Blühen der Aleppiner Wirtschaft bekamen. Hier scheinen die Aleppiner Kaufleute eine sehr erfolgreiche Überzeugungsarbeit geleistet zu haben. Schon in den letzten Jahrzehnten der Mamlukenzeit bauten Gouverneure Chane in der Medina. Damit waren sie in die Aleppiner Interessen eingespannt, denn jede

Abb. 11 Schibani-Schule. Der Bau stammt aus dem 18. Jh. und dient zurzeit als Ausstellungsort des Altstadtsanierungsprojekts.

politische Entscheidung, die der Wirtschaft der Stadt geschadet hätte, hätte den Geldbeutel der Gouverneure selbst getroffen. Sie mussten alles tun, dass die Geschäfte in Aleppo florierten, wollten sie doch ständige Einnahmen aus ihren Investitionen beziehen. Diese Verflechtungen der Privatinteressen der Gouverneure mit den Wirtschaftsinteressen der Aleppiner führten darüber hinaus dazu, dass, wenn die Gouverneure abgelöst wurden (was oft geschah) und z. B. an eine hohe Stelle nach Kairo zurückkehrten, sie all ihren Einfluss bei Hof geltend machten, sodass sich die Geschäfte in Aleppo frei entfalten konnten.

Ibn asch-Schihna erwähnt für die Zeit bis ca. 1540/50 drei Chane in zentraler Lage und zwei Chane in halb-zentraler Lage. Weitaus mehr Chane lagen aber peripher in Tornähe: vier nahe dem Bab al-Dschinan, zwei nahe Bab an-Nairab und Bab al-Maqam, je einer nahe Bab an-Nasr, Bab al-Hadid, Bab Qinnasrin und Bab al-Faradsch. Fünf der in Ibn asch-Schihnas Text aufgeführten innerstädtischen Chane können nicht lokalisiert werden. Weiter sind dort fünf Chane außerhalb des Bab al-Faradsch, sechs außerhalb des Bab an-Nasr und zwei außerhalb des Bab al-Hadid

vermerkt. Es zeigt sich, dass damals die peripheren Chane, von ihrer Funktion her Zwischenlager, die zentralen Chane, von ihrer Funktion her Plätze des Fernhandels, weit überwogen. Das sollte sich aber nach 1540/50 ändern. Wie die mamlukischen Gouverneure von den Aleppinern „eingefangen" wurden, wurden das auch die osmanischen, welche die Tradition ihrer mamlukischen Vorgänger fortsetzten und gleichfalls in der Medina investierten. Ja, sie taten dies in noch viel größerem Umfang als ihre Vorgänger, denn der Aufschwung des Handels lohnte größere Investitionen. (Abb. 11) Das ist die eine Seite der Veränderung der Innenstadt in der osmanischen Zeit, die politisch-ökonomische, durch die es den Aleppinern gelang, ihre fremden Gouverneure zu Anteilhaltern am Geschäftsunternehmen Aleppo zu machen. Die andere Seite ist die politisch-räumliche. Die neue politische Situation, die Aleppo äußere Sicherheit gewährte, erlaubt eine funktionale Neuordnung der Stadt. Die Medina und ihre peripheren Bereiche wurden verstärkt zum Standort von Handel und Gewerbe, die Industrie wurde in periphere Teile der Innenstadt und in die Vororte verlegt. Die Gerbereien, früher in der Innenstadt gelegen, fanden einen neuen Standort im Südwesten außerhalb des Bab Antakia. Die Seifenfabriken, früher den Gerbereien benachbart, wanderten einerseits an ihre vormamlukischen Standorte im Süden nahe dem Bab Qinnasrin zurück und andererseits in das Gebiet innerhalb und außerhalb des Bab an-Nasr und die Färbereien schließlich, für die wir keinen vorosmanischen Standort bestimmen können, lagen im 17. Jh. in Banqusa und zeigen ab Mitte des 18. Jh. eine Tendenz nach Norden zu wandern, wo sie schließlich im 19. Jh. außerhalb des Bab an-Nasr ihre neuen Standorte endgültig fanden. Die Verlagerung von Industriebetrieben aus dem innerstädtischen Bereich in die Außenstadt war nur möglich, weil die Außenstadt sicher geworden war. In der so „bereinigten" Innenstadt konnten damit im 16. Jh. Bauvorhaben in Angriff genommen werden, die alles, was bisher in Aleppo innerhalb einer relativ kurzen Periode gebaut worden war, in den Schatten stellte. Zwischen 1546 und 1553 erhielt die Medina südlich der Bab Antakiya-Achse ein neues Gesicht. Etwa 80 % des Grundes wechselte den Eigentümer und osmanische Gouverneure errichteten hier Moscheen, Chane und Suqs. Als hier gebaut worden war, was gebaut werden konnte, griff diese Entwicklung, wenn auch nicht so großräumig, auf die Bereiche nördlich der Bab Antakiya-Achse über, wo mehrere Chane ab 1594 entstanden. Diese Entwicklung setzte sich nach Norden fort. Damit waren entscheidende neue Akzente im Gefüge der Medina gesetzt. Die durch Chane bereit gestellte Fläche für den Fernhandel wurde gegenüber der Zeit vor 1540/50 mindestens verdoppelt und neben die Freitagsmoschee traten drei weitere große Moscheen im Herzen der Stadt. Ihre Wirkung auf das Erscheinungsbild Aleppos beschränkte sich nicht nur auf die großen Flächen, die sie füllten, sondern auch auf die Silhouette der Stadt. Sie waren im hoch aufragenden osmanischen Stil gebaut und bestimmen mit ihren großen, hohen, weithin sichtbaren Kuppeln und spitzen Minaretten das Stadtbild seit dieser Zeit entscheidend mit. Um die Medina legte sich bald ein Kranz von kleineren Chanen, der in seinen Grundzügen im Süden noch zu erkennen ist und im Norden im Komplex des Hadsch Musa noch klar hervortritt. Außerhalb dieses Kranzes begannen sich die Wohnquartiere, in denen durch die Verlagerung der Seifenfabriken und

Gerbereien im Norden Veränderungen vor sich gegangen waren, auszudehnen. In den Judenvierteln zwischen der Bab an-Nasr-Achse und der Westmauer entstanden Paläste. Von einem weiteren Palast in diesem Gebiet ist in dem Waqf-Stiftungs-Dokument von einer Madrasa die Rede, mit deren Bau im Jahre 1730 ein neuer Akzent auf die Quartiere nahe der Bab an-Nasr-Achse gesetzt wurde, in denen ja auch schon 53 Jahre vorher eine andere Madrasa entstanden war. Diese beiden Madrasas und eine weitere 1752 gegründete Madrasa sollten die wichtigsten Bildungseinrichtungen der osmanischen Periode in Aleppo werden. Es überrascht, dass die neueren Bereiche *intra muros* zwischen der ayyubidischen und der mamlukischen Mauer an diesem Bauboom der Osmanenzeit nicht teilnahmen. Hier wurde eine in der Mamlukenzeit von Süden her begonnene Tendenz der Ausstattung dieses Teils der Stadt nicht fortgesetzt. Im Schatten der wirtschaftlichen Aktivitäten westlich der Zitadelle gelegen, war er wahrscheinlich schon unter den Mamluken so wohl ausgestattet worden, dass die Anlage kleinerer Gebäude, unter denen nur eine Takiya etwa hervorsticht, genügte.

Im 17. Jh. und über weite Teile des 18. Jhs. nahm die Entwicklung einen ruhigeren Gang. Das Ende des 18. Jhs. und die ersten Jahrzehnte des 19. Jhs. brachten Stagnation und schließlich Not und Elend durch ein schweres Erdbeben im Jahre 1822. Danach nahm die Stadt aber bald wieder einen Aufschwung und hatte im Welthandel des 19. Jhs. und des beginnenden 20. Jhs. ein Wort mitzureden.

Die einstmalige Sanierung des alten Aleppo der Jahre 1978–2010 – Eine historische Leistung

Adli Qudsi

Die Altstadt von Aleppo, Weltkulturerbe der UNESCO, eine Stadt mit mehr als 110.000 Einwohnern, die in tausenden historischen Hofhäusern wohnen, und zugleich ein bedeutendes Gewerbezentrum, geriet bereits in den 1970er-Jahren durch einen zerstörerischen Bebauungsplan in Gefahr. In dem vorliegenden Beitrag wird einerseits die Geschichte des Kampfes für die Aufhebung dieses Plans geschildert und andererseits von der Initiierung eines international unterstützten Sanierungsprojektes berichtet, das im Jahr 1992 begonnen wurde und das die Infrastruktur der Altstadt und ihrer Umgebung erheblich verbesserte.

Das Hofhaus – Nukleus sozialen und wirtschaftlichen Städtelebens

Aleppo war zu allen Zeiten ein wichtiges gewerbliches, politisches und kulturelles Zentrum. Die jahrhundertelangen Erfahrungen in der Wohn- und Kontaktpflege haben sich

Abb. 12 Panoramaaufnahme eines Aleppiner Hauses nach der Sanierung.

in einem höchst anspruchsvollen Gebäudetypus niedergeschlagen: dem Hofhaus (Abb. 12), einer architektonischen Einheit, die eine ideale Umgebung für komplexe menschliche und soziale Beziehungen im Rahmen der vorherrschenden Traditionen schuf. Räumlich verband es das Leben außerhalb und innerhalb des Gebäudes unter umfassender Berücksichtigung der Ansprüche an eine sichere Privatsphäre, Umweltbewusstsein und Komfort.

Nach und nach bildeten die Hofhäuser, an die die engen Zubringerstraßen heranreichten, kleine Nachbarschaften und zogen den Bau größerer Straßen nach sich, an denen sich die gewerblichen und öffentlichen Betriebe und Einrichtungen konzentrierten. Diese Hofhäuser schließlich verbanden die Nachbarschaften miteinander, umschlossen Denkmäler und Betriebe und bildeten so die einzelnen Stadtbezirke. Jeder von ihnen besaß seine abgegrenzten gewerblichen und öffentlichen Räume und seine Verwaltungszentren. Dieser Planungsstil eines „organischen Gewebes" setzte sich in fast allen islamischen Städten durch. Aleppo war eine solche Stadt, deren lebendige Struktur prosperierte und sich über Jahrhunderte hinweg ausdehnte.

Moderne Planung gegen alte Struktur

Die verschlafenen sozialen und politischen Lebensumstände in der arabischen Welt während der osmanischen Zeit gestatteten es nicht, die Planung und architektonischen Techniken weiterzuentwickeln, um sich an die neuen Herausforderungen modernen Lebens anzupassen. Und die einzigen verfügbaren Beispiele waren die moderner europäischer Städte. Im späten 19. Jh. begannen neue Stadtbezirke, die außerhalb der historischen Struktur auf der Grundlage westlicher Planungsweisen errichtet worden waren, Gestalt anzunehmen. Die Altstadt hingegen blieb in der ersten Hälfte dieses Jhs. in Lebensstil und Architektur den alten Traditionen verbunden. In den frühen 1950er-Jahren wohnte der Großteil der 250.000 Einwohner von Aleppo noch immer in den traditionellen Hofhäusern der historischen Bezirke.

Ich wurde in der Altstadt geboren und lebte 13 Jahre lang in einem ihrer historischen

Abb. 13 Panoramaaufnahme einer Altstadtgasse im Stadtteil Jdeideh.

Hofhäuser im Stadtteil al-Farāfra. Der Innenhof war geschmückt mit Zitronenbäumen, Jasmin, Rosen und bot viel Raum zum Spielen. Als Einzelkind habe ich Geschwister selten vermisst, weil es überall Kinder gab: Sie konnten alle Häuser in der Nachbarschaft betreten und andere Kinder zum Spielen finden. Außerhalb der Häuser waren die engen Gassen himmlische Plätze zum Spielen, sie waren sicher, freundlich und sie ermutigten zu einer „Politik der offenen Tür" unter den Nachbarn. (Abb. 13, 14)

Die im Westen ausgebildeten Vorsitzenden der Stadt haben zu dieser Zeit die Bedeutung des sozialen und ökologischen Lebenswerts inmitten des Wohngefüges der Altstadt nicht nachvollziehen können. Aus diesem Grund haben sie die Möglichkeiten, diese historischen Teile an moderne Lebensstandards anzupassen, nicht ausgeschöpft, sondern stattdessen die städtischen Mittel in die Entwicklung moderner Stadtbezirke investiert. Dies verstärkte den Umzug der Familien mit hohem und mittlerem Einkommen in die modernen Bezirke, woraufhin die Altstadt, deren Entwicklung nun schon für einige Zeit stagnierte, zu verfallen begann.

Abb. 14 Eine sanierte Gasse aus der Altstadt Jdeideh.

Als schließlich die Stadt mit der Entwicklung neuer Pläne startete, wurden keine Maßnahmen zum Schutz des sozialen und materiellen Umfelds der traditionellen Stadtviertel in Erwägung gezogen. In den frühen 1950er-Jahren sah ein Gesamt-Bebauungsplan für die Stadt Aleppo vor, die Altstadt durch den Bau mehrerer Hauptstraßen in einzelne Abschnitte zu zerteilen. (Abb. 15, 16)

Die erste Hauptstraße, deren Bau noch vor der Vervollständigung und der offiziellen Annahme des Bebauungsplans umgesetzt wurde, durchschnitt den Bereich nördlich der Umayyaden-Moschee und führte zur Zitadelle. Die Ergebnisse waren für die direkte Umgebung katastrophal, da einzigartige traditionelle Hofhäuser massenweise zerstört wurden.

Zu diesem Zeitpunkt hatte die Straße den Weg zwischen meinem Zuhause und meiner wunderschönen spätosmanischen Grundschule mit Blick auf die Zitadelle unterbrochen. Obgleich ich zu jung war, um die negativen Auswirkungen dieser Straße in ihrem Ausmaß nachvollziehen zu können, war ich traurig und verwirrt,

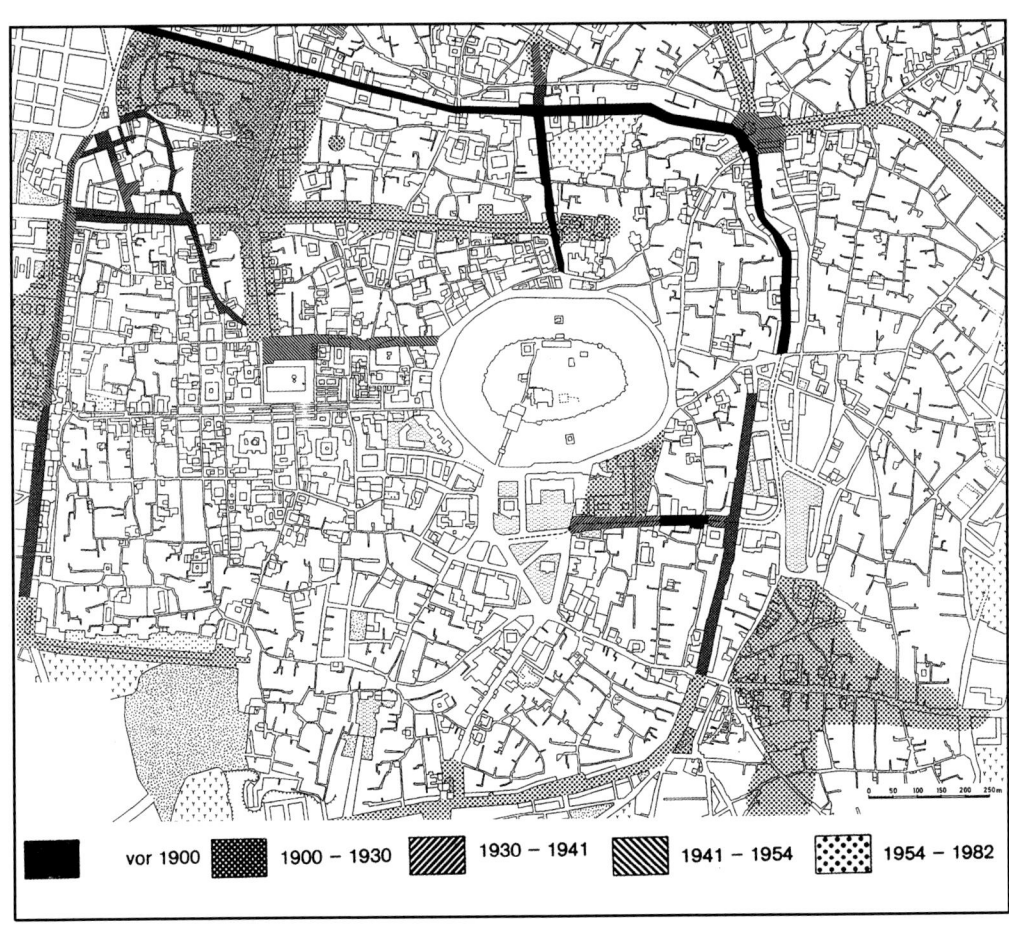

Abb. 15 Stadtplan nach Gaube und Wirth, 1984. Eingriffe in den Baubestand der Altstadt von 1882–1982.

als ich sah, wie viele der Häuser, die ich besucht hatte, und die engen Gassen, in denen ich mit meinen Freunden am liebsten gespielt hatte, verschwanden.

Neben dem Hauptziel, den Verkehr zu vereinfachen, diente diese Straße dazu, die Umayyaden-Moschee freizulegen und vor ihr einen offenen Platz zu schaffen. Die Moschee war wie ein typisches, nach innen ausgerichtetes, islamisches Haus und sie war in das Gefüge der Hofhäuser und schmalen Gassen, die sie umschlossen, eingebunden. Als nun die Häuser und die schmalen Straßen weggerissen wurden, überblickte nur die kahle Steinfassade der Moschee den offenen Platz, der im Norden des Gebäudes freigelegt worden war. Eine neue Fassade wurde an die rauen, nackten Wände, die das Projekt freigegeben hatte, angebracht. Der offene Platz, der ursprünglich einmal die Stätte wunderschöner Hofhäuser war, wurde zu einem Parkplatz.

Der Bebauungsplan, der im Jahr 1954 vervollständigt und angenommen worden war, beinhaltete die Überlagerung des traditionellen Gefüges durch mehrere breite Straßenschluchten.

Dabei sollte eine Ost-West-Achse die Damaskus-Autobahn im Westen der Stadt mit der Raqqa-Autobahn im Osten verbinden. Man durchtrennte die Altstadt unter dem Motto der Planer „Von der Wüste zum Meer". Eine weitere Achse sollte durch die südlichen Bezirke parallel zu ersten führen und eine dritte sollte eine Hauptader nördlich der großen Moschee mitten durch die nördlichen Bezirke bilden, zusätzlich zu der Straße, die von der Großen Moschee in östlicher Richtung auf die Zitadelle zuführte und bereits errichtet worden war.

Obwohl große Teile der Stadtstruktur in unterschiedlichen historischen Epochen durch Erdbeben oder feindliche Eroberungen zerstört wurden, waren sie doch stets in der gleichen Art und Weise wiederaufgebaut worden und ihre soziale und wirtschaftliche Funktion konnte durch alle Zeiten hindurch aufrecht-

Abb. 16 Luftbildaufnahme von Aleppo 1995; im Zentrum die Zitadelle und die Umayyaden-Moschee.

erhalten werden. Eine vollständige Umsetzung des Bebauungsplans hätte den endgültigen Untergang der historischen Struktur und dieser einzigartigen Lebensart besiegelt.

Die Umsetzung von Abschnitten des Straßenbauplans hatte beträchtliche Teile des historischen Gefüges zerstört und die Abwanderung seiner Anwohner beschleunigt. Die Hochhäuser, die auf breiten Streifen zu beiden Seiten der Straßen errichtet worden waren, beraubten die anliegenden Hofhäuser ihrer Privatsphäre, der Sonne und der sauberen Luft. Weite Teile der verbleibenden Struktur wurden vom Rest der Altstadt isoliert und dem rasanten Verfall preisgegeben. Viele bedeutende Häuser verloren ihre ursprünglichen Bewohner, wurden zu Werkstätten und Lagerhäusern oder ganz einfach verlassen und verwahrlosten. Ganze Gruppen von Hofhäusern, die vormals effektive und zusammenhängende Einheiten bildeten, wurden durch kommerzielle oder industrielle Nutzung geschädigt.

Abb. 17 Panoramaaufnahme aus dem Jahr 2000 eines Hauses in der Altstadt während der Sanierung.

Die Bewegung hin zu einem Erhalt Aleppos

In den späten 1970ern wurde offenbar, dass der historische und soziale Charakter der Altstadt in ernsthafter Gefahr war. Diese Situation rief eine Gruppe von öffentlichen und privaten Denkmalschützern auf den Plan, die eine Kampagne zum Schutz des verbleibenden Gefüges der Altstadt starteten. Glücklicherweise hatten die bis dato ausgeführten Abschnitte des Masterplans bislang nur etwa 20 % des Gesamtgefüges der Altstadt zerstört und viele bedeutende Abschnitte waren immer noch intakt.

Die Denkmalschützer verhinderten gerade noch rechtzeitig die vollständige Ausführung der schädlichsten Maßnahmen des Bebauungsplans. 1978 verzeichnete ihre Lobbyarbeit einen großen Erfolg, indem sie den Kulturminister davon überzeugten, einen Erlass zu veröffentlichen, in dem die Altstadt zum Nationalen Monument erklärt wurde. In der Folge wurde die weitere Umsetzung des Bebauungsplans gestoppt. Die Denkmalschützer regten die Bildung des Altstadtkomitees an, einer offiziellen Körperschaft, welche die Stadtverwaltung, die Antikenverwaltung und weitere betroffene Parteien repräsentierte. Das Komitee, in dem die Denkmalschützer führend waren, erhielt die Kompetenzen eines Exekutivrats über die kommunalen

Angelegenheiten der Altstadt, und die UNESCO wurde zur Teilnahme und zur Formulierung der Konservierungs- und Restaurierungsgrundsätze eingeladen. Zwei Berichte der UNESCO (1980 und 1983) unter der Regie von Dr. Stefano Bianca schlossen mit der Notwendigkeit, vom Bebauungsplan Abstand zu nehmen und offerierten Ratschläge hinsichtlich der Bewahrung und des Wiederaufbaus. (Abb. 17)

In den 1980er-Jahren erfolgte schließlich die Konsolidierung der Konservierungsmaßnahmen und die endgültige Aufgabe des für die Altstadt so schädlichen Bebauungsplans. Die Umsetzung eines gewerblichen Hochhausprojekts in der Nordwestecke der Altstadt wurde gestoppt und der Entwurf zugunsten eines Viertels mit Verwaltung und Dienstleistung in lockerer Bebauung vollständig überarbeitet.

Ein Altstadtbüro wurde innerhalb der Stadtverwaltung gegründet, die historischen Vororte außerhalb der Stadtmauern wurden in die geschützten Zonen aufgenommen, spezifische Normen für die Restaurierung und den Neuaufbau wurden entwickelt und schließlich wurde 1986 die Altstadt von Aleppo in die Liste des UNESCO-Welterbes aufgenommen.

Alle Maßnahmen zeigten einen großen Erfolg. Die Zerstörung der Hofhäuser, welche die organische Struktur ausmachten, wurde gestoppt, das öffentliche Bewusstsein für den sozialen und kulturellen Wert der Altstadt wurde geschärft und die Stadt wie auch weitere Behörden maßen dieser größeren Wert bei. Dennoch waren die Maßnahmen nicht ausreichend, um den Verfall des Gesamtgefüges zu stoppen. Die Abzugsrate der Bewohner in die neuen Stadtbezirke wuchs weiter an und die Bevölkerungszahl des Alten Aleppo fiel im Jahr 1990 unter 125.000.

Die Notwendigkeit einer neuen Formel

Die Kontinuität des Lebensstils, der über viele Jahrhunderte in dem historischen Gefüge bewahrt werden konnte, basierte auf dem natürlichen Prozess einer Selbsterneuerung. In der Vergangenheit bestanden die Hauptbeiträge der Behörden darin, größere religiöse oder administrative Strukturen zu schaffen, mit denen der Öffentlichkeit über die Grundfunktionen hinausreichende Dienstleistungen angeboten wurden. Obgleich dann und wann ein Herrscher oder Machthaber einige Abschnitte des städtischen Gefüges restauriert oder optimiert hatte, lag die Hauptlast für die soziale und materielle Kontinuität immer auf den Schultern der Bewohner. Der mannigfaltige sozialökonomische Mix in jeder Nachbarschaft trug helfend dazu bei, dass Gebäude und öffentlicher Raum instandgehalten wurden, und dies in einem transparenten Prozess, der keine speziellen Definitionen erforderte. (Abb. 18)

Der Einzug einer neuen Kultur und der Druck der Modernisierung veränderten jedoch alles. Die drängenden und nicht ausgetesteten neuen sozio-ökonomischen Mechanismen waren mit dem ursprünglichen Prozess der Revitalisierung schwer in Einklang zu bringen, was den Prozess der Selbsterneuerung zum Stillstand brachte. Die Anwohner, die es sich leisten konnten, die Altstadt zu verlassen, haben dies auch getan und ein wirtschaftliches Ungleichgewicht zugunsten von Armut und Verwahrlosung der Häuser und des Gefüges hinterlassen. Es wurde offensichtlich, dass die natürlichen Veränderungsprozesse aus der Vergangenheit neu definiert werden mussten.

Die neue Stadt wuchs rasant an, aber ohne die Vorteile ausreichender Administration oder gewerblicher Absatzgebiete. Mit den blühenden Märkten der Medina und den Hauptver-

Abb. 18 Lebensmittelbasar in der Altstadt 1998.

waltungszentren wurde die Altstadt das eigentliche Stadtzentrum und somit die „innere Stadt" für Millionen Einwohner Aleppos. In der Folge trugen Verkehrsstaus, Verschmutzung und der Anstieg industrieller und gewerblicher Einheiten zum Verfall des Lebensumfelds innerhalb der alten Stadt bei und beschleunigten den Abzug der Anwohner mit höherem Einkommen in die neuen Stadtviertel.

Das Projekt der Altstadtsanierung von Aleppo

Als es offensichtlich wurde, dass die traditionell geordnete Kontinuität nicht mehr funktionierte, wuchs die Notwendigkeit der Entwicklung eines neuen Plans. Einen neuen Kurs einzuschlagen, bedeutete ein enormes Unterfangen, welches, nicht mit äußerster Achtsamkeit durchgeführt, ernsthafte Konsequenzen hätte nach sich ziehen können.

Im Jahr 1989 habe ich in meiner Funktion als Mitglied des Altstadtkomitees mit Hilfe von Dr. Heinz Gaube und der Architektin Anette Gangler einen Plan für eine experimentelle Intervention vorgelegt. Das Dokument fasste den gegenwärtigen Zustand in der Altstadt zusammen und zeigte einen Maßnahmenplan für eine Sanierung verbunden mit einem Finanzierungantrag auf.

Das Projekt sah zunächst eine materielle, soziale und wirtschaftliche Untersuchung der historischen Struktur vor. Deren Ergebnisse sollten dann für die Entwicklung eines flächendeckenden Sanierungsplans verwendet werden. Gleichzeitig sollten breitere Studien und die technische Sanierung eines Pilotareals dazu verwendet werden, den allgemeinen Sanierungsplan zu prüfen und zu stützen. Dieses Sanierungskonzept sollte schließlich als Modell für zukünftige Aktivitäten dienen.

Das Hauptziel des vorgeschlagenen Projektes bestand darin, öffentliche Dienstleistung zu optimieren und die Bewohner bei der Verbesserung ihres Lebensumfelds zu unterstützen. Das Dokument betonte die Bedeutung einer Mitarbeit der ansässigen Bevölkerung. Die ökonomischen und kulturellen Vorteile eines solchen Projektes wurden ebenfalls ausformuliert.

> „Ein solches Projekt, in dem die aktive Teilnahme der Bevölkerung betont wird, kann als gutes Beispiel für eine Sanierung durch Selbsthilfe dienen. Die Anwohner würden den großen Wert ihres Lebensumfelds erkennen und die Verwaltung sich der ökonomischen Vorteile einer Restaurierung bewusst werden im Gegensatz zu einer Zerstörung und eines Neuaufbaus eines Viertels. Die historische und kulturelle Bedeutung einer solchen Initiative in einer der UNESCO-Welterbestätten kann auf internationalem Niveau zu einem sehr positiven Echo führen."

Zusammenfassend basierte das vorgeschlagene Konzept auf einer flächendeckenden Planung, einer detaillierten Strategie und der Durchführung anhand eines Pilotareals sowie auf der Beteiligung der Anwohner.

Finanzierung, Inangriffnahme und Umsetzung

Das Dokument stieß bei der Stadt Aleppo und dem Altstadtkomitee auf Zustimmung und ich wurde damit beauftragt, verschiedene internationale Quellen mit Bitte um Unterstützung und Teilnahme zu kontaktieren. Dr. Heinz Gaube und die Architektin Anette Gangler nahmen Kontakt zur deutschen Regierung (BMZ) auf und Dr. Hussein Amach präsentierte dem Arabischen Fonds für wirtschaftliche und soziale Entwicklung in Kuwait das gleiche Dokument. Die syrische Regierung stellte schließlich die offiziellen Anfragen. Beide, sowohl die deutsche Regierung als auch der Arabische Fonds, befürworteten das Projekt.

Abb. 19 Panoramaaufnahme vom Empfangssaal mit Wandmalerei in einem Altstadthaus während der Sanierung. Die Restaurierungsarbeiten wurden von der GTZ finanziert und von Restauratoren aus Deutschland ausgeführt. Das Haus war 1985–2010 Sitz der GTZ.

Es wurden bilaterale Verträge mit den Bedingungen für die Subventionen geschlossen. Die Stadt Aleppo bildete eine Organisationseinheit mit technischem und administrativem Führungspersonal, um das Projekt zu leiten und für die Finanzierung der Implementierung zu sorgen. Die deutsche Regierung beauftragte die GTZ (Abb. 19) (die deutsche Gesellschaft für Technische Zusammenarbeit), um den deutschen Einsatz zu koordinieren. Diese stellte internationale und lokale Experten, bot Fortbildungen für Projektleiter an und stellte technische Ausrüstung und Mittel für die Umsetzung von Sanierungsmaßnahmen in den Pilotarealen bereit. Die Mittel des Arabischen Fonds wurden ebenfalls zweckgebunden für technische Ausrüstung, internationale Expertisen und Fortbildungen aufgewandt.

Die deutsche Regierung sagte 9,6 Mio. DM für die ersten beiden Projektphasen zu und stiftete zusätzliche Mittel für die dritte Phase. Der Arabische Fonds gewährte eine Million US-Dollar in der ersten Phase und eine weitere Million für die folgenden Phasen. Die Stadt Aleppo versprach größere Summen und ließ zusätzliche Mittel für die Sanierung der Altstadtbereiche einfließen, die sich außerhalb der festgesetzten Grenzen des Projektes befanden.

Das Projekt begann 1992 mit einer allgemeinen Untersuchung und bald wurde ein Gebiet als Pilotareal ausgewählt. Dort wurde zunächst eine detaillierte soziale, wirtschaftliche und materielle Erfassung durchgeführt. Ein Teilhabesystem wurde entwickelt und in den ersten Etappen des Projektes umgesetzt. Häufige Treffen mit Anwohnern und Nutzern wurden vor und während der Gestaltungs- und Umsetzungsphasen herbeigeführt, auf denen die Beteiligten wertvolle Beiträge lieferten, die die folgenden Aktivitäten erweiterten und bereicherten.

Eine Anleihe für die Restaurierung durch Anwohner wurde entwickelt und von der Stadt, der GTZ und der Gesellschaft der Freunde von Aleppo in Deutschland finanziert. Kleine zinslose Darlehen mit simplen Rückzahlungsmodalitäten wurden den Hausbewohnern angeboten, die nur über ein begrenztes Einkommen verfügten, mit denen sie Notfallreparaturen durchführen konnten. Das Projekt sorgte ebenfalls für die Studien und unterstützte die Eigentümer, indem man sie von Zulassungsgebühren ausnahm und ihnen den Erwerb von Materialien mit staatlichen Subventionen ermöglichte. Zu einem späteren Zeitpunkt wurde ein Teilzuschuss gewährt, um gefährdete traditionelle architektonische Elemente zu restaurieren.

Studien zur Infrastruktur zeigten die Notwendigkeit eines vollständigen Austausches des Abwasser- und Nutzwassersystems in der Altstadt auf, Verkehrsstudien führten zu der Entwicklung neuer Verkehrspläne, während sich die Bewohner selbst für die Einrichtung von mehr sozialen und technischen Betrieben einsetzten. (Abb. 20, 21)

Die Umsetzung begann im Jahr 1994 mit dem Austausch der Infrastruktur in Bāb Qinnasrīn, dem Stadtteil, der als Pilotareal ausgewählt worden war. Abwasser- und Nutzwassernetz

Abb. 20 Nicht nur die Häuser wurden im Sanierungsprojekt restauriert, sondern auch die gesamte Infrastruktur der Altstadt wurde erneuert.

wurden ersetzt, Telefonnetze hinzugefügt und die Straßen mit dem traditionellen Kopfsteinpflaster gepflastert. Ein historisches religiöses Gebäude wurde restauriert und diente fortan als Gemeinde- und Gesundheitszentrum. Der öffentliche Raum und seine Umgebung wurden technisch angemessen aufgewertet, was eine Restaurierung der Fassaden und einzigartiger Architekturelemente entlang der Hauptachsen miteinschloss. Eine Verkehrsplanung für das Areal wurde erstellt und auch verwirklicht.

Die Folge dieses Pilotprojektes war ein kontinuierlicher Lernprozess, der zur Verbesserung der Gesamtstudien führte. Auch die Abläufe während der Folgemaßnahmen wurden derart optimiert, dass zwei weitere Areale in der Nachbarschaft der Stadtviertel von al-Ǧudaida und al-Farāfra hinzukamen, in denen ähnliche Restaurierungsarbeiten durchgeführt wurden. Ein Konzept für die gesamte Altstadt mit einem allgemeinen Raumnutzungsplan wurde entwickelt, die Bauvorschriften für die Altstadt wurden optimiert, spezielle Richtlinien für die Restaurierung und Sanierung erlassen und das Projekt mit der neuesten technischen Ausrüstung ausgestattet.

Auf institutioneller Seite kreierte die Stadt eine spezielle Verwaltungseinheit, die als Altstadtdirektorat bezeichnet wurde, um die städtischen Angelegenheiten das Altstadtprojekt betreffend zu regeln. Die technischen und administrativen Fähigkeiten des Führungsstabs wurden durch lokale Fortbildungen und Auslandsaufenthalte verbessert.

Kontinuität

Zu Beginn des 21. Jhs. waren die meisten Ziele des Projekts erreicht, obgleich die Areale, die im Zuge des Projekts saniert werden konnten, nicht mehr als 10 % der Gesamtfläche der Altstadt ausmachten, aber die Energie und der Impuls waren nicht von der Hand zu weisen. Der neue Prozess

der Sanierung, der definiert und erfolgreich aus-
getestet wurde, bestätigte die Notwendigkeit
der Fortsetzung und Vollendung des Projektes.

Um den verbleibenden Teil der Altstadt zu
sanieren, musste eine neue, starke, interessierte
und treibende Kraft in den laufenden Prozess
der Sanierungsarbeiten eingebunden werden.
Glücklicherweise bot sich der Aga Khan Trust
for Culture (AKTC) an, der sich zu der Zeit aktiv
an der Restaurierung historischer Gebäude und
an der Verbesserung einer touristischen Infrastruktur in der Zitadelle von Aleppo beteiligte.

Als Antwort auf eine Anfrage durch das syrische Kultusministerium im Jahr 2000 leitete die
AKTC Restaurierungsarbeiten in den Burgen
Ṣahyūn und Maṣyaf im syrischen Bergland und
innerhalb der Zitadelle von Aleppo ein. Die Restaurierungsmaßnahmen innerhalb der Zitadelle
von Aleppo stießen auf beträchtliche Aufmerksamkeit und die hervorragenden Ergebnisse
wurden innerhalb der Zitadelle sichtbar. Die
Gebiete im Umfeld der Zitadelle, die das Herz
des alten Aleppo bildeten, gaben hingegen
immer noch ein elendes Bild ab.

Die Umfassung der Zitadelle war zwar reich
an wunderschönen Gebäuden unterschied-
licher Architekturstile, die verschiedene historische Epochen repräsentierten, aber diese
befanden sich in einem traurigen und vernach-
lässigten Zustand.

Einige der historischen Gebäude wurden für
staatliche Zwecke genutzt, als Regierungssitz,
als staatliches Krankenhaus, als alte Gemeinde-
häuser und als Gebäude für technische Dienste,
während der Justizpalast nahe dem Eingang der
Zitadelle neu errichtet worden war. Alle diese
Ämter zusätzlich zu dem Medina Sūq zogen
dichten Schwerlastverkehr in das Herz der alten
Stadt und verhinderten, dass sich Fußgänger
an diesem Straßenring frei bewegen konnten.
Andere historische Gebäude an dieser Straße
waren z. B. ein großes Hamman aus dem 15. Jh.
und zwei kleinere Badehäuser, einige historische

Abb. 21 *Die Sanierung der Infrastruktur hat den Lebens-
rhythmus in der Altstadt nicht beeinträchtigt.*

Hofhäuser und einige neuere zwei- oder dreistö-
ckige Gebäude.

Das Altstadtprojekt hatte die Probleme des
Zitadellenumfelds nicht berücksichtigt. Der
Grund dafür waren die Schwierigkeiten, die aus
der Nähe der staatlichen Verwaltungszentren
resultierten und die Existenz der Verkehrsachse,
die jedem, auch den Anwohnern, erhaltenswert
schien.

Im Jahr 2002 bot der AKTC (siehe Abb. auf
S. 49) die Durchführung einer Studie zur Optimie-
rung der Umfassung der Zitadelle im Rahmen
der Altstadtsanierung an und unterzeichnete

ein Protokoll zusammen mit der Stadt und der GTZ. Zugleich signalisierte er Bereitschaft, an der Umsetzung mitzuwirken. Das gab den Anstoß und der Sanierung im Allgemeinen einen neuen Energieschub und Hoffnung auf eine Verbesserung des Zitadellenumfeldes.

Die Studie des AKTC (Aga Khan Trust for Culture) zur Umgebung der Zitadelle wurde im Jahr 2004 fertiggestellt und plädierte im Ergebnis für eine vollständige Sperrung des Verkehrs, der die Umfassung der Zitadelle nutzte, um die Altstadt zu überqueren. Gemäß der Studie sollte der asphaltierte Ring für den Durchgangsverkehr gesperrt, mit Steinplatten gepflastert und zu einer Fußgängerzone umgewandelt werden, während der Graben vollständig saniert werden sollte. Die Studie schlug gleichzeitig die Verlegung der Regierungsämter und -betriebe aus den historischen Gebäuden in die Außenbezirke vor, um die alten Gebäude für angemessenere Zwecke zu restaurieren.

Die Studie betonte ferner das kulturelle und touristische Potential für Aleppo, das in einer Sanierung des Umfelds liegt. Daraufhin erklärte sich die AKTC bereit, einen Teil der Umsetzung zu finanzieren, wenn die Stadt die restlichen Beträge stiften würde. Die Stadt Aleppo nahm das Angebot an und unterzeichnete das Umsetzungsprotokoll mit dem AKTC im Jahr 2006. Auch das Problem der Schließung des Verkehrs innerhalb der Umfassung der Zitadelle wurde mit Hilfe der UNESCO gelöst.

Der Impuls für die Wiederaufnahme des Sanierungsprozesses war gegeben und die Stadt Aleppo begann zeitgleich zum Beginn der Sanierungsarbeiten im Umfeld der Zitadelle, die Infrastruktur in der gesamten Altstadt zu ersetzen. Diese Aufgabe war enorm, denn die städtischen Gelder reichten nicht aus, um das gesamte Unternehmen zu finanzieren, und so schaltete sich die deutsche Regierung ein, um die Lücke zu füllen. In einem Akt, der als *The Debt Swap* (Der Schuldenschnitt) bezeichnet wurde,

mit dem die deutsche Regierung bisherige Schulden Syriens tilgte, wenn Beträge in gleicher Höhe für umweltpolitische Verbesserungen eingesetzt würden, wurden die notwendigen Mittel für eine vollständige Sanierung der Infrastruktur bereitgestellt.

Die im Umfeld der Zitadelle gelegenen Regierungseinrichtungen in den historischen Gebäuden wurden mit Ausnahme des Justizpalastes aus der Altstadt ausgelagert. Der Umzug des Justizpalastes war zu dem Zeitpunkt geplant, wenn sein neues Gebäude im Außenbereich Aleppos fertiggestellt sein sollte. Der Verkehrsplan wurde umgesetzt und andere Knotenpunkte für das Areal wurden aktiviert. Ein großer Fußgängerplatz gegenüber dem Eingang der Zitadelle wurde errichtet, auf dem 40 Palmen gepflanzt wurden. Diese Fußgängerzone führte zu der historischen Moschee, in der der Sohn des Saladin bestattet ist. Steinbänke wurden unter den Palmen und in anderen Bereichen der Umgebung errichtet. Die Fassaden der an den Platz grenzenden Karawanserei wurden restauriert und das Areal mit eleganten großen Schirmen ausgestattet, um die Außenbereiche der Cafés vor Sonne und Regen zu schützen. Alle Oberflächen der Umgebung wurden mit grauen und schwarzen Steinen neu gepflastert. Die Böschungsmauern des enormen Grabens wurden nachbearbeitet, stabilisiert und dann bepflanzt. (Abb. 22, 23)

Dieser Impuls zur Sanierung der Altstadt war zu stark, um ihn noch aufzuhalten zu können, und der Widerhall des Projektes in der internationalen Szene als eine der bedeutendsten kulturellen Leistungen der Welt war zu bedeutsam, um den Sanierungsprozess noch abbrechen zu können.

Aus dem Antrag an das „Bundesministerium für Wirtschaftliche Zusammenarbeit und Entwicklung" von 1992

Abb. 22 Zur Altstadtsanierung gehören wichtige Objekte, wie die Zitadelle und die Umayyaden-Moschee. Die Zitadelle wurde im Rahmen des Gesamt-Sanierungsprogramms der Aga-Khan-Stiftung restauriert.

Zusammenfassung der Leistungen bis ins Jahr 2010

Auf Verwaltungsebene sorgten die Einrichtung einer separaten Administration mit den Aufgaben, die Altstadtangelegenheiten zu regeln, die Vervollständigung und Publikation eines Entwicklungsplans, ein Raumnutzungsplan, die Formulierung von Restaurierungsvorschriften und Richtlinien für die notwendigen Rahmenbedingungen für die Restaurierung und den Schutz der alten Struktur. Eine Dienstleistungs- und Aufsichtsabteilung der Altstadtverwaltung wurde installiert, um die Aufrechterhaltung der öffentlichen Dienstleistungen zu gewährleisten, um Gebäudezerstörungen zu verhindern und die Einhaltung der Vorschriften zu überwachen, was eine große Anzahl von Häusern vor der Zerstörung durch einzelne Personen schützte und allgemein zu einem starken Rückgang der Zerstörungen führte.

Auf technischer und umweltschützerischer Ebene wurden 90 % der Infrastruktur der über 300 km Straßen und Gassen der Altstadt erneuert und die Straßen mit Stein in traditioneller Manier neu gepflastert. Hunderte von maroden Häusern wurden restauriert und die Miet- oder Eigentumssituation durch den Einsatz der zinslosen Darlehen, die Bewohnern mit niedrigem Einkommen gewährt wurden, verbessert.

Öffentliche Plätze, Fassaden der Hauptgassen und kleinere Parks wurden verschönert, Bäume wurden gepflanzt, ein Dienstleistungszentrum wurde in einem sanierten historischen Gebäude untergebracht, eine große Schule aus dem 19. Jh. wurde restauriert und in ein Museum für Restaurierung, eine Ausstellungshalle und ein Zentrum für Konzerte verwandelt. Die Basare der Medina wurden ausgebessert, ihre Dachkonstruktionen saniert und die Geschäfte mit hölzernen Klappläden ausgestattet.

Der Auszug der Bewohner in Stadtgebiete außerhalb der Altstadt wurde extrem reduziert, je mehr die Bewohner sich dem verbesserten Umfeld verbunden fühlten. Obgleich einige der größeren und bedeutenderen Hofhäuser, die von der Zerstörung bedroht waren, von reichen Personen angekauft und für den privaten Gebrauch restauriert wurden, gibt es

keinen Hinweis auf die Vertreibung ehemaliger Bewohner.

Es entwickelten sich innerhalb der Altstadt neue Geschäftszweige, besonders im Tourismussektor. Privatpersonen hatten das touristische Potential der Altstadt erkannt, als die Restaurierungsmaßnahmen sichtbar wurden. Diese Investoren kauften einige historische Gebäude an, in denen gemäß des Raumnutzungsplans touristische Einrichtungen untergebracht werden durften und funktionierten diese zu Hotels und Restaurants um. Der Kulturtourismus blühte

Abb. 23 Ein Blick in das Innenleben der Zitadelle während der Sanierung.

durch die neuen öffentlichen und privaten Einrichtungen, die der Sanierungsprozess hervorgebracht hatte, auf.

In kultureller Hinsicht, v. a. im Hinblick auf die Bewahrung des historischen Erbes, waren die Syrer im Allgemeinen und die Aleppiner im Besonderen stolz auf ihre Sanierungsleistungen. Die Beteiligung von Weltorganisationen wie der UNESCO, die Aleppo als Welterbe listete, zog internationale Aufmerksamkeit auf die historische Bedeutung von Aleppo und die Sanierungspläne seiner Altstadt. Das Restaurierungsprojekt erhielt den *The Veronica Rudge Green Prize in Urban Design* von der Harvard School of Design im Jahr 2005, den *Architectural Heritage Award* von der Arab Towns Organization ebenfalls im Jahr 2005 und Rolex widmete dem Autor *The Rolex Award for Enterprise* für die Idee und die Initiierung des Projekts.

Danksagungen

Die Altstadtsanierung von Aleppo hätte nicht ohne die enorme Unterstützung vieler Teilnehmer erreicht werden können, unter denen die deutsche Regierung sich am stärksten engagierte. Der Arab Fund for Economic and Social Development hat enorme Mittel in das Projekt investiert, die Gesellschaft der Freunde von Aleppo in Deutschland hat die Darlehen unterstützt und schließlich war die Beteiligung des Aga Khan Trust for Culture von immenser Bedeutung, die den Hauptanstoß zur Vollendung der Aufgabe gab.

Das persönliche Engagement von Professor Heinz Gaube (siehe S. 38) und der Architektin Anette Gangler haben zu der Beteiligung der deutschen Regierung und der Gesellschaft der Freunde von Aleppo geführt, während Dr. Hussein Amach die Beteiligung des Arabischen Fonds sicherte.

Epilog

Die Bewahrung dieser und anderer Städte mit ihrer reichen und einzigartigen Wohnkultur ist eine Lebensnotwendigkeit. Die Menschen haben das Recht, ihre Vergangenheit zu kennen und mit ihr in Kontakt zu bleiben. Hier in Aleppo ist die Vergangenheit immer noch lebendig und dadurch geht es der Stadt gut. Sie sieht uns ins Auge und sagt: „Ich bin hier, nutze mich, erneuere mich, aber gib mich nicht auf" und wir sollten dieser Bitte entsprechen.

Kleine Hilfen mit grosser Wirkung – Mikrokredite zur Sanierung privater Altstadthäuser in Aleppo (1995–2007)

Khaldoun Fansa

Unter Berufung auf die Kriterien zur Aufnahme historischer Orte in die UNESCO-Liste der Welterbestätten beantragte die syrische Regierung die Aufnahme der Altstadt von Aleppo. Dem Antrag wurde im Jahr 1986 stattgegeben und die Altstadt zum Weltkulturerbe erklärt.

In den darauffolgenden Jahren wurden weitreichende Maßnahmen zum Wiederaufbau der Altstadt eingeleitet, die von der kuwaitischen und der deutschen Regierung finanziell unterstützt wurden. Die Vorgeschichte dieses umfangreichen Sanierungs- und Entwicklungs-

Abb. 24 Es wurde versucht, zahlreiche zerstörte Bauelemente zu rekonstruieren. Hier der Wiederaufbau eines abgetragenen Holzanbaus mit Fenstern im Baukomplex „Altstadtsanierungsprojekt". Links: Aufnahme nach der Sanierung. Rechts: Aufnahme vor der Sanierung.

plans sowie dessen Konzeption und Realisierung werden ausführlich in dem Beitrag von Adli Qudsi im vorliegenden Band dargestellt. Er benennt auch die verschiedenen mitwirkenden Institutionen, die mit der Stadtplanung und der Untersuchung der unterirdischen Infrastruktur, wie u. a. der Kanalisation, betraut waren.

Ich möchte mich an dieser Stelle auf eine Besonderheit dieses Projektes konzentrieren. Bedürftigen Bewohnern, deren Häuser Reparaturarbeiten benötigten, wurden zinslose Kleinkredite gewährt, um einige dieser Arbeiten durchführen zu können. Zu diesem Zweck wurde eine Kasse eingerichtet, in die die Stadt Aleppo und die deutsche Regierung Beträge gleicher Höhe einzahlten, um die einzelnen Kredite zu erhöhen. Diese Einrichtung sollte dazu dienen, Reparaturmaßnahmen in alten Häusern mit besonderen architektonischen Merkmalen durchzuführen. (Abb. 24) Sie wurde „Aufbaukasse" genannt.

Ein speziell zu diesem Zweck eingerichtetes Büro beriet die Bewohner, organisierte und beaufsichtigte die durchzuführenden Maßnahmen. Auf diese Weise kam der Aufbau in die Zuständigkeit der Altstadtverwaltung, die den Entwicklungsprozess begleitete und notwendige Maßnahmen durchführte.

Dazu gehörten auch umfangreiche Reparaturarbeiten am Wasser- und Abwassernetz, die die Versorgung mit sauberem Trinkwasser verbesserten und Gebäudeschäden durch undichte Leitungen verhinderten.

Die für das Projekt eingerichtete „Aufbaukasse" besteht nach wie vor und erfüllt weiterhin ihre Funktion. Für ihre Weiterentwicklung ist eine Auswertung der bisher gemachten Erfahrungen notwendig, um bisherige Fehler und Schwächen zu beheben, Verbesserungen durchzuführen und die Mitarbeiter (Ingenieure sowie weiteres technisches und wissenschaftliches Fachpersonal) weiterzubilden. Auch sollten die Kredite erhöht werden, um die Beträge an die Inflation in Syrien anzupassen. Der Aufbau der Altstadt von Aleppo, einer Stadt, die durch Vernachlässigung beinahe in den Status einer Stadt der Dritten Welt abstieg, die heute zum Weltkulturerbe gehört, umfasste Baudenkmale und Wohnhäuser. Zugleich wurden die wirtschaftlichen und sozialen Belange der Bewohner in den Blick genommen.

Dieses Projekt ebenso wie die Maßnahmen zur Erhaltung der Zitadelle und ihrer Umgebung (Abb. 25) (in den Jahren 2000 und 2008 durch die Agha-Khan-Stiftung finanziert) sowie die Förderung weiterer sozialer und wirtschaftlicher Projekte erfuhren große internationale Aufmerksamkeit, wovon die Altstadt und ihre Bewohner in hohem Maße in finanzieller, kultureller und touristischer Hinsicht profitierten. Und auch die Fachwelt zeigte großes Interesse an den Projekten. Zu den wichtigsten Zielsetzungen zählten die Einbindung der Altstadtbewohner in die zwei Prozesse zur Förderung und Erhaltung, die Realisierung eines umfassenden Plans zur Erweiterung der Altstadt sowie die Umsetzung eines architektonischen Plans für die Altstadt. Die Pläne und die einzelnen Durchführungsprozesse wurden im Frühjahr 2000 auf der „EXPO 2000" in Hannover vorgestellt. Das Projekt gehörte zu den wichtigsten fünf internationalen Projekten der Welt und erhielt den Veronica-Green-Preis, der von der amerikanischen Universität Harvard für internationale Projektplanung verliehen wird.

Das Ausmaß der Zerstörungen in Syrien und in der Altstadt von Aleppo in den letzten zweieinhalb Jahren übersteigt jede Vorstellungskraft. Der Erhalt und der Aufbau einer alten Stadt, die mit Steinen errichtet wurde, auf denen die Zeit ihre Spuren hinterließ und die über einen langen Zeitraum hinweg vernachlässigt wurde, ist für sich genommen schon ein Problem. Ein anderes ist jedoch die weitgehende Zerstörung der Altstadt durch einen grausamen Bürgerkrieg und durch Kriegsführer, die kein Verständnis für ihren

Abb. 25 Zum Sanierungsprojekt der Zitadelle gehörte ebenfalls der Vorplatz. Die Sanierung wurde 2000–2008 durch die Aga-Khan-Stiftung durchgeführt.

architektonischen und historischen Wert haben. Es ist gut möglich, dass die beiden Projekte zum Aufbau, Erhalt und Wachstum, die vorher ausführlich besprochen wurden, nur einen kleinen Teil der Maßnahmen darstellen, derer die Altstadt heute bedarf. Doch ist das Engagement international bekannter wissenschaftlicher Institutionen, die über das technische, finanzielle und organisatorische Know-how verfügen, unerlässlich, denn ein Wiederaufbau kann nur auf der Grundlage konkreter und detaillierter Untersuchungen sowie unter Einbeziehung der bisheriger Erfahrungen erfolgen.

Zusammenfassend lässt sich sagen, dass das zukünftige Projekt zum erneuten Wiederaufbau und zur Belebung der Altstadt von Aleppo weit mehr Maßnahmen erfordert, als es die bisherigen Projekte verlangten. Hinzu kommen nun die Errichtung von Waisenhäusern und Zentren für die Pflege von Schwerbehinderten, Kriegsverletzten und für spezielle Betreuungsaufgaben ebenso wie psychotherapeutische Zentren für Kinder und Jugendliche. All diese Notwendigkeiten wurden durch den Krieg und den Verlust von Familien und Teilen der Verwandtschaft verursacht.

Die Altstadt von Aleppo, diese wichtige Stätte auf der Liste der Weltkulturerbestätten appelliert an die ganze Welt, ein kulturelles Projekt zu unterstützen, das sich um die Wiederherstellung des einstigen Zustands bemüht – ein scheinbar aussichtsloses, aber auch ein verdienstvolles Projekt, das den Respekt der Weltöffentlichkeit verdient.

DER BÜRGERKRIEG IN SYRIEN

DER BÜRGERKRIEG IN SYRIEN – EINE HISTORISCH-POLITISCHE VERORTUNG

Udo Steinbach

Der Kampf der Syrer in ihrer Revolte hat viele Bezüge. Einer ist das Streben der arabischen Völker nach Unabhängigkeit und Freiheit seit dem Ende des Osmanischen Reiches. Diese *erste arabische Revolte* von 1916–1918, die in den 20er-Jahren des 20. Jhs. auch Syrien erfasste, wurde vom Imperialismus europäischer Mächte unterdrückt. Die *zweite arabische Revolte* begann mit der Machtübernahme 1952 durch die Freien Offiziere in Ägypten und dem Sturz der Monarchie. Nahezu zwei Jahrzehnte lang veränderte sie die politische Landkarte des arabischen Raums zwischen Algerien und Jemen. Am Ende verfingen sich die Protagonisten in den Fallstricken ihres überdimensionierten machtpolitischen Ehrgeizes, des Ost-West-Konflikts, des Israel/Palästina-Konflikts, autokratischer Machtausübung und einer Entwicklungspolitik, die zu Selbstbereicherung und Cliquenwirtschaft sowie zu einer dramatischen Verschärfung der wirtschaftlichen und gesellschaftlichen Gegensätze führte. (Abb. 26–28)

Die *dritte arabische Revolte* nahm den Faden dort auf, wo ihn die gescheiterten Akteure der zweiten Revolte hatten fallen lassen. Als sich Mohammed Bouazizi am 17. Dezember 2010 an dem trostlosen Flecken Sidi Buzid in Tunesien aus Verzweiflung über die Entwürdigung seiner Person verbrannte, war dies ein Fanal an Millionen von Menschen, den Platz der arabischen Gesellschaften im 21. Jh. neu zu bestimmen.

Abb. 26 Kamelreiter zur Zeit der Arabischen Revolution 1916.

Abb. 27 Emir Faisal bei den Friedensverhandlungen in Frankreich. Im Hintergrund Lawrence von Arabien. Nach der Verhandlung wurde das Sykes-Pickot-Abkommen (die Teilung des Nahen Ostens) umgesetzt und die befreiten Gebiete unter den Franzosen und Engländern aufgeteilt.

stehen würden. Widerstände gegen die Diktatur Ende der 70er-/Anfang der 80er-Jahre wurden brutal niedergeschlagen. Am Prinzip der Überordnung der Gewalt der Machtausübung über demokratische Legitimation hat auch Baschar al-Assad festgehalten. (Abb. 29)

Wo aber stehen *wir* in diesem historischen Geschehen? Die Weltöffentlichkeit insbesondere die westliche Politik mit ihrem Einsatz für Menschenrechte ist tatenlos. Außer Worthülsen, gedrechselten diplomatischen Ausflüchten, fragwürdigen Analysen des „besonderen Charakters" der Entwicklungen in Syrien ist wenig Konstruktives zu hören oder zu sehen. Sanktionen sind allein keine wirksamen Maßnahmen, sondern *window dressing*. Sie sollen den Eindruck erwecken, es geschehe etwas. In der Wirklichkeit geschieht tatsächlich fast nichts.

Aber – ein krasser Widerspruch – betrachtet sich Europa nicht geradezu als Wortgeber, wenn

Damit erwies sich zugleich, dass die Revolte ihren Stellenwert und ihre Rechtfertigung aus der Geschichte selbst findet und dass der Aufbruch irreversibel ist. Es gibt keinen Ort in der arabischen Welt, der von der Bewegung nicht erfasst worden wäre.

Ein anderer Bezug der Revolte der Syrer ist in ihrer eigenen neueren Geschichte gegeben. Als die Ba'th-Partei 1963 – mitten in der zweiten arabischen Revolte – in Damaskus die Macht übernahm, schien damit für einen Augenblick ein Versprechen für ein neues Syrien gegeben. Aber schon die Art der Machtübernahme durch das Militär warf einen Schatten auf dieses Versprechen. Spätestens mit dem Coup durch Hafez al-Assad 1970 und der Verabschiedung der Verfassung von 1973, in der die Vorherrschaft der Ba'th-Partei festgeschrieben wurde, war klar, dass der „sozialistische" Weg der Entwicklung und die Verwirklichung von Menschen- und Bürgerrechten in unüberbrückbarem Gegensatz

Abb. 28 Die Ägyptische Revolution von 1952 wurde von Gamal Abdel Nasser geführt. Er war bis 1970 Staatspräsident von Ägypten.

Abb. 29 Michel Aflaq: Mitbegründer der Baath-Partei in Syrien nach Beendigung der französischen Mandatszeit .

es um Freiheit geht? Tatsächlich spannt sich der Bogen des Nachdenkens über das Recht auf Freiheit und Auflehnung gegen tyrannische Macht zwischen Dichtern und Denkern wie Friedrich Schiller und Albert Camus – um nur zwei Namen zu nennen. „Was ist ein Mensch in der Revolte?", fragt Camus in seinem grandiosen Essay *L'Homme révolté* (Der Mensch in der Revolte). „Ein Mensch, der nein sagt." Millionen von Arabern haben „Nein" gesagt. Und auch Schiller in dem Drama Wilhelm Tell, das ich als *das* Drama des Willens zur Freiheit bezeichne, sagt „Nein". „Nein, eine Grenze hat Tyrannenmacht,/ Wenn der Gedrückte nirgends Recht kann finden,/Wenn unerträglich wird die Last – greift er/hinauf getrosten Mutes in den Himmel,/und holt herunter seine ewigen Rechte,/die droben hangen unveräußerlich/und unzerbrechlich wie die Sterne selbst/". Es erübrigt sich, die Parallele zum Ausbruch der arabischen Revolte zu ziehen. Die Menschen in Syrien sind nach langer Zeit aufgebrochen, diese unveräußerlichen Rechte, die ja nichts anderes sind als die Menschenrechte, herunterzuholen in ihre – die syrische – Gesellschaft. Dass dies nur um den Preis des Einsatzes des eigenen Lebens geschehen kann, haben mittlerweile 80.000 (im Mai 2013)

Menschen in Syrien erlitten. „Äußerstenfalls", so Camus, „nimmt er den letzten Verfall hin: den Tod, wenn man ihm jene ausschließliche Anerkennung rauben sollte, die er nun seine Freiheit nennt. Lieber aufrecht sterben als auf den Knien leben." „Lieber den Tod als in der Knechtschaft leben", heißt es im Wilhelm Tell.

Warum dieser Exkurs? Um zu zeigen, dass wir in den europäischen und in den arabischen Ländern – bei allen Unterschieden von Geschichte, Kultur und Religion – auf gemeinsamem Grund stehen. Jahrzehntelang hat „der Westen" mit einer Mischung von Dünkel, Mitleid und Pseudoexpertentum auf „die Araber", „die Muslime" hinabgeschaut, die zur Demokratie gleichsam genetisch nicht fähig seien. Die ganz Schlauen forderten, die Muslime müssten erst eine „Aufklärung" durchmachen; dann erst könnten sie zur Moderne aufschließen. Die arabische Revolte, der syrische Aufstand haben uns eines Besseren belehrt: Wir alle sind den Werten der Humanität verpflichtet. Die Freiheit ist die *conditio sine qua non* in der Existenz von uns allen. Das Denken von Philosophen und Dichtern wie Friedrich Schiller und Albert Camus steht auf demselben Grund wie das Denken und die Schlussfolgerungen arabischer Geister wie Rifa'a Rafi' at-Tahtawi, Mustafa Kamil, Abd ar-Rahman al-Kauwakibi und zahlreicher anderer. Diese Einsicht muss künftig die Grundlage unserer Begegnung sein. Aus ihr erwächst die Perspektive einer neuen gegenseitigen Wahrnehmung. Die hierzulande gehegten Klischees über „die Araber", „den Islam" oder „die Muslime" gehören in denselben Abfall wie die Potentaten und Autokraten, die von ihren „Untertanen" gestürzt wurden. Und während wir hier in Europa relativ in Frieden leben, stehen Hunderttausende von Menschen in Ägypten, Tunesien, Syrien und Libyen auf und kämpfen für die Freiheit – die große Mehrheit von ihnen sind nach tief sitzendem westlichem Vorurteil „zu einer liberalen Demokratie eigentlich nicht fähige Muslime".

Abb. 30 Zerstörte Basargasse. Aufnahme Frühjahr 2013.

„jedes Recht", sich zu verteidigen, dann müssen sie im gleichen Atemzug und mit der gleichen Emphase feststellen, dass Israel jede Verpflichtung hat, die Regeln des internationalen Rechts und die Gebote der Humanität zu respektieren. Hier hat es über die Jahre nicht nur keine Fortschritte gegeben; vielmehr haben die Praktiken der Besatzung und der Landnahme sowie die Geringschätzung der Menschen Palästinas durch die Siedler, geschützt und unterstützt seitens der gegenwärtigen israelischen Regierung, an Systematik zugenommen. Wieder hat Europa weggeschaut. Die Gewalt aber gebiert die Gewalt. Ausweglosigkeit und Entwürdigung waren der Nährboden für die Erhebung der arabischen Jugend zwischen Marokko im Westen, Jemen und Bahrain im Osten und eben auch in Syrien.

Ausweglosigkeit und Entwürdigung sind auch der Nährboden für Gewalt der Palästinenser gegen eine Macht, die das Recht so gering – oder sagen wir besser: so selektiv – achtet wie die arabischen Autokraten. Dass zwischen dem Kampf gegen autokratische Unterdrückung und gewalthafte Besatzung durch eine fremde Macht ein Zusammenhang besteht,

hat uns Friedrich Schiller in der Einleitung zu seiner „Geschichte des Abfalls der Vereinigten Niederlande von der spanischen Regierung" für alle Zeiten vor Augen geführt: „Der verzweifelnde Bürger, dem zwischen einem zweifachen Tode die Wahl gelassen wird, erwählt den edlern auf dem Schlachtfeld. Ein wohlhabendes üppiges Volk liebt den Frieden, aber es wird kriegerisch, wenn es arm wird. Jetzt hört es auf, für ein Leben zu zittern, dem alles mangeln soll, warum es wünschenswürdig war." Es ist beschämend, dass die Regierung Deutschlands, des Volkes Friedrich Schillers, die Palästinenser auf ihrem einzigen Weg zu Freiheit und Staatlichkeit, der ihnen noch bleibt, auf dem Weg über die Zustimmung einer überwältigenden Zahl der Staaten dieser Welt in der Vollversammlung der Vereinten Nationen, nicht aktiv unterstützt. Diesen Makel werden wir mit Blick auf alle nach Freiheit strebenden Völker und Gesellschaften, nicht zuletzt in unserer islamisch geprägten Nachbarschaft, mit uns zu tragen haben.

Wie kann Europa an Glaubwürdigkeit gewinnen? Die Antwort ist: Wir müssen die Wahrnehmung ändern. Angesagt ist eine *inklusive* Wahrnehmung; d. h. wir müssen erkennen, dass die Zukunft der arabischen Gesellschaften und der nahöstlichen Nachbarschaft ein Teil der Zukunft Europas ist. Die Stellung Europas im internationalen System des 21. Jhs. wird wesentlich von der Qualität der Beziehungen zu den neuen Ordnungen abhängen, die im arabischen Raum – einschließlich Palästina – entstehen. Lange genug haben wir uns eine *exklusive* Wahrnehmung geleistet: Die arabischen Völker, das waren die anderen. Unsere Interaktion stand im Zeichen unserer Phobien: vor Instabilität, irregulärer Einwanderung, gewalttätigem islamischem Extremismus. Die Lösung der palästinensischen Sache blieb auf der Strecke. Die neue – *inklusive* – Wahrnehmung bedingt die Hinwendung zu und den Dialog mit jenen, die den politischen Führern Legitimation verleihen; und diese sind

Abb. 31 Gasse eines Basars für Textilien vor der Zerstörung. In der Mitte ein Eingang in eine Altstadtmoschee aus der osmanischen Zeit.

das Volk. Zu lange haben wir die Beziehungen zu jenen gepflegt, die Legitimität für sich reklamierten – ohne oder gegen das Volk.

Für die unmittelbare Zukunft Syriens kommt alles darauf an, dass das herrschende Regime bald an sein Ende gelangt. Jeder weitere Tag seiner Herrschaft vermehrt nicht nur die Zahl der Toten, sondern vertieft auch die Gräben und den Hass der Syrer untereinander. Wir verurteilen die schmutzige Agenda jener, die im Namen des Befreiungskampfes des syrischen Volkes eben dieses Volk mit blutigen Terrorakten quälen. Aber sie werden den Gang der Geschichte nicht bestimmen. Die Menschen in Syrien brauchen die Perspektive auf eine neue Ordnung, in der sie sich gemeinsam wiederfinden. Mit dem Entstehen dieser Ordnung

muss die Versöhnung einhergehen. Zitieren wir noch einmal den Dichter. So Friedrich Schiller im „Tell": „Bezähme jeder die gerechte Wut / Und spare für das Ganze seine Rache / Denn Raub begeht am allgemeinen Gut / Wer selbst sich hilft in seiner eignen Sache." Die Versöhnung ist die unverzichtbare Voraussetzung des Neuanfangs.

Dass die Menschen in Syrien das „Ganze" und das „allgemeine Gut" der „eigenen Sache" überordnen, ist nach über zwei Jahren Bürgerkrieg zu hoffen, sodass eine neue Ära in Syrien begonnen hat. Aber auch dafür, dass unser aller Zukunft endlich auf denselben Grundwerten beruht, die unteilbar sind und für deren Geltung wir alle gleichermaßen in die Pflicht genommen sind, hoffen wir. (Abb. 30, 31)

DER SYRISCHE KRIEG 2011 – . . .

Marcel Pott

Die Vorgeschichte

Niemand kann vorhersehen, wie der blutige Konflikt in Syrien ausgeht und welche politischen und gesellschaftlichen Folgen der Krieg für das Land, seine Menschen und den Nahen Osten als Ganzes haben wird.

Dennoch gilt: Wer diese Ereignisse im Herzen der arabischen Welt begreifen will, muss die Entstehungsgeschichte des Konfliktes kennen.

Die Unruhen begannen wie aus heiterem Himmel im März 2011 in der syrischen Stadt Daraa im Süden des Landes, nahe der jordanischen Grenze. Was war geschehen? 14 Schüler hatten in ihrem jugendlichen Leichtsinn die aus Tunesien und Ägypten bekannte Parole „Das Volk verlangt den Sturz des Regimes" auf eine Hauswand gemalt. (Abb. 32) Dafür waren sie wie Schwerverbrecher verhaftet und wohl auch misshandelt worden. Als der Geheimdienst die Schüler länger festhielt, versammelte sich die örtliche Bevölkerung zu einem friedlichen Protestmarsch und forderte die Freilassung der Kinder und Jugendlichen. Die Demonstranten verbanden das mit dem Ruf nach Demokratie und mehr Freiheit. Sie gingen allerdings nicht so weit, den Rücktritt von Präsident Baschar al-Assad zu fordern. Das Verlangen syrischer Bürger nach freier Meinungsäußerung war indes schon

Abb. 32 Panoramaaufnahme einer Altstadtgasse von 2000.

zu viel für das Regime. Als die Menschen in Deraa am 18. März nach dem Freitagsgebet durch die Innenstadt zogen, eröffneten bewaffnete Kräfte des Regimes das Feuer auf die Demonstranten. Sie töteten vier Personen. Am nächsten Tag ließ das Regime auf die Teilnehmer des Trauerzuges für die Opfer schießen. Wiederum töteten sie einen Menschen.

Innerhalb weniger Tage spitzte sich die Lage in der Stadt zu. Ein friedlicher Protestzug folgte dem nächsten und schließlich verloren die örtlichen Sicherheitsorgane die Kontrolle. Kurz darauf rückte die Vierte Panzerdivision der Armee unter dem Kommando von Maher al-Assad, dem Bruder des Präsidenten, in Daraa ein, um den Protesten mit rücksichtsloser Gewalt ein Ende zu machen. Dutzende unbewaffneter Demonstranten wurden getötet, Panzer beschossen mehrere Wohnviertel, und Soldaten stürmten Privathäuser, um die Teilnehmer an den Demonstrationen in ihre Gewalt zu bringen.

Der Bürgerkrieg

Doch das brutale Vorgehen des Regimes erwies sich als kontraproduktiv. Statt die Unruhen in Daraa zu beenden, breiteten sich die Proteste auf andere Städte quer durch Syrien aus. In Banias, Homs, Hama und sogar in ein oder zwei Vorstädten von Damaskus gab es Protestmärsche. Die Armee schlug überall mit derselben Härte zu, und das Regime machte von Beginn an „bewaffnete Banden und Terroristen" für die Unruhen verantwortlich.

Wie in anderen arabischen Ländern gingen die Demonstranten auch in Syrien anfangs friedlich auf die Straße, um ihre politischen Forderungen auszudrücken. Damit überwanden sie die seit Generationen bestehende Kultur der Angst und Schicksalsergebenheit. Selbst die tödlichen Schüsse der Armee hielten die meist jungen Leute nicht davon ab, ihre Meinung zu artikulieren und nach Freiheit und Arbeit zu

rufen. Hier sei erwähnt, dass das Durchschnittsalter der 21 Millionen Syrer bei nur 21,5 Jahren liegt und mindestens 24 % der Jugendlichen arbeitslos sind.

Der gewaltlose Widerstand gegen das Regime bestimmte relativ lange die Lage in den Unruhegebieten. Niemand rief in dieser Phase zum bewaffneten Kampf auf oder verlangte eine militärische Intervention der internationalen Gemeinschaft. Ähnlich wie in Libyen waren es auch in Syrien Deserteure der Wehrpflichtarmee, die als Antwort auf die blutige Unterdrückung der Proteste zu den Waffen griffen, um die Demonstranten zu schützen. Doch es blieb nicht lange bei diesem defensiven Waffeneinsatz.

Bald bildete sich ein unübersichtliches Netzwerk von Milizen und vagabundierenden Kämpfern, die vielfach ohne klare operative Führung und unkoordiniert gegen die militärischen und paramilitärischen Einheiten des Regimes vorgingen. Es folgte eine wachsende Eskalation der Gewalt seitens des Regimes und eine steigende, auch gezielte Brutalisierung bei bestimmten Rebellengruppen. Schließlich kam der Zeitpunkt, dass sich extremistische Gotteskrieger, radikale Salafisten und auch al-Qaida nahestehende Terroristen aus dem Irak unter die syrischen Freiheitskämpfer mischten.

Der Einfluss von außen

Je länger der syrische Krieg andauert, desto mehr geraten die örtlichen Widerstands-Komitees in die Hinterhand. Freiheit, Würde und eine wirtschaftliche Existenz heißen die Ziele, für die sie aufgestanden sind. Doch mittlerweile werden in ihrem Namen Gefangene gefoltert und massakriert und wehrlose Zivilisten entführt und ermordet, die dem Regime nahestehen oder den „falschen" Glauben haben. Die Täter stellen sich auf dieselbe Stufe wie die Schergen des Assad-Regimes und

Regionale Verteilung der Ethnien
und Religionsgemeinschaften in Syrien

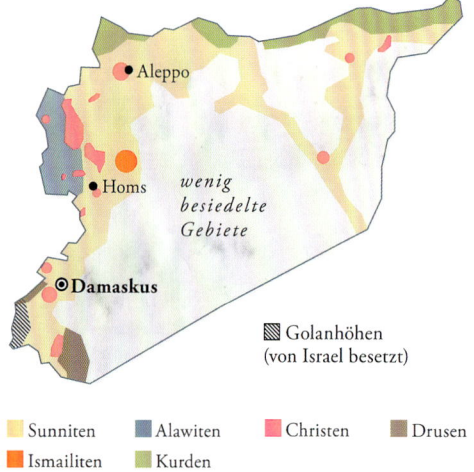

Golanhöhen
(von Israel besetzt)

◼ Sunniten ◼ Alawiten ◼ Christen ◼ Drusen
◼ Ismailiten ◼ Kurden

Anteil der Religionsgruppen
an der Bevölkerung

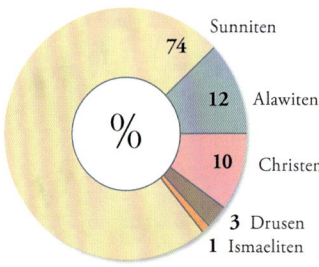

Sunniten
74
Alawiten
12
10 Christen
3 Drusen
1 Ismaeliten

Anteil der ethnischen Gruppen
an der Bevölkerung

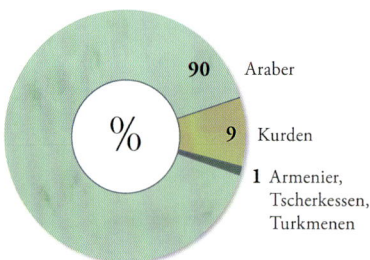

90 Araber
9 Kurden
1 Armenier,
Tscherkessen,
Turkmenen

ZEIT-GRAFIK/Quelle: CSS, Nov. 2012, (Center for Security Studies,
ETH Zürich), US-State Departement

Abb. 33 Verteilung der religiösen Minderheiten in Syrien.

untergraben die moralische Rechtfertigung des syrischen Aufstands. Fanatische Jihadisten („heilige Krieger"), die spektakuläre, militärische Erfolge gegen das Regime erzielen, bekennen sich offen zu Al-Qaida. In den von ihnen kontrollierten Gebieten beginnen sie damit, ein religiös verbrämtes autoritäres System aufzubauen, nicht selten mit sektiererischen Zügen gegenüber Muslimen, die nicht der sunnitischen Glaubensrichtung angehören. In diesem Zusammenhang ist zu betonen, dass das seit jeher gespannte Verhältnis zwischen Sunniten und Schiiten – den beiden großen Konfessionen der Muslime – den innersyrischen Konflikt anheizt und ihn immer mehr in eine pseudoreligiöse Auseinandersetzung verwandelt. Der Aspekt der schiitisch-sunnitischen Rivalität unterstreicht, dass die verdeckte Konfrontation zwischen Saudi-Arabien, der ultrakonservativen Führungsmacht der Sunniten, und dem „revolutionären" schiitischen Iran, unmittelbar auf den syrischen Konflikt einwirkt. Das saudische Königshaus will seinen schärfsten Feind, den schiitisch-persischen Iran, schon lange aus Syrien und dem Libanon vertreiben. In Beirut und in Damaskus ist der iranische Einfluss im letzten Jahrzehnt erheblich gewachsen. Auch in Bagdad, wo die irakischen Schiiten nach dem Sturz Saddams durch die Amerikaner (2003) an die Macht gekommen sind, spielt der Iran eine bestimmende Rolle. Die saudischen Prinzen sehen in dem schiitischen Regime in Teheran die treibende Kraft für das Aufbegehren der eigenen schiitischen Bevölkerung und der arabischen Schiiten insgesamt in der Region. Somit vermuten sie überall, wo Schiiten sich erheben, eine fünfte Kolonne am Werk, ferngesteuert von den Al-Quds-Brigaden der iranischen Revolutionswächter. Die Tatsache, dass arabische Schiiten protestieren, weil sie von ihren sunnitischen Glaubensvettern benachteiligt und unterdrückt, vielfach als Ketzer verfolgt werden, ignorieren sie dabei. (Abb. 33)

Der Einfluss des Iran

Wie weit der Arm der iranischen Mullahs reicht, zeigt die gegenwärtige Rolle von Hisbollah („Partei Gottes") in der libanesischen Politik: Gegen den Willen der schiitischen Bewegung kann kein Premierminister in Beirut eine Regierung bilden. Hisbollah ist ein ideologisches Ziehkind der iranischen Geistlichkeit; ihre Miliz wird von Teheran schon seit 1982 bewaffnet, militärisch ausgebildet und finanziert.

Die „Partei Gottes" ist zwar eine Massenbewegung libanesischer Schiiten und verfolgt nach innen eine entsprechende Interessenpolitik. Doch darüber hinaus dient die Organisation mit ihrem hochgerüsteten Militärapparat den Herrschern in Teheran als Speerspitze gegen Israel und gegen arabische Widersacher. Hisbollah fungiert somit als außenpolitischer Arm des iranischen Gottesstaates mitten im Herzen der arabischen Welt. Im syrischen Krieg kämpft die Hisbollah-Miliz inzwischen aktiv an der Seite der syrischen Armee gegen die von Saudi-Arabien, Qatar und der Türkei unterstützten extremistischen sunnitischen Gotteskrieger und die relativ gemäßigten Rebellen von der „Freien Syrischen Armee". Letztere müssen sich inzwischen häufiger Angriffe und Mordanschlägen islamistischer Extremisten erwehren, die die Kontrolle in den befreiten Gebieten und die Führung im bewaffneten Kampf an sich reißen wollen.

So heterogen die vielen kleineren und größeren Kampfgruppen sind, die das Regime in Damaskus stürzen wollen, so gespalten war und ist die politische Opposition. Die einen traten für umfassende Reformen ein, die anderen bestanden auf dem Sturz des Assad-Regimes. Die Spaltung vertiefte sich weiter, als sich ein Teil der Opposition bewaffnete und eine militärische Intervention des Auslands forderte. Die gewaltlose Oppositionsbewegung für Freiheit und Demokratie weist jede äußere Einmischung zurück, ist in den internationalen Medien aber kaum vernehmbar und steht unter massivem Druck der anderen Fraktionen. Die Exilopposition des „Syrischen Nationalrates" (SNC) besteht überwiegend aus Sunniten (ca. 70 % der Syrer sind Sunniten), die große Mühe haben, regimekritische Angehörige von Minderheiten wie Christen, Kurden oder Alawiten zur Mitarbeit zu bewegen. Die Sunniten selbst sind sich uneins, weil die Säkularen das Übergewicht der Muslimbrüder abwehren wollen, deren soziale und staatsrechtliche Vorstellungen sie nicht teilen. Das innersyrische „Nationale Koordinationskomitee" (NCC) besteht aus langjährigen Dissidenten, die Syrien nicht verlassen haben und ihrerseits dem SNC misstrauen, weil sie die islamistische Ideologie der frommen Brüder ablehnen.

Schon seit Längerem erschüttern wechselseitige Massaker und Selbstmord-Attentate die Moral der Bevölkerung, die sich millionenfach innerhalb Syriens, in der Türkei und in Jordanien auf der Flucht befindet. Die Gewaltakte der „Gotteskrieger" und der radikalen Salafisten spülen unterdessen Wasser auf die Propagandamühlen des Regimes, das immer betont, es bekämpfe zum Wohle des Landes lediglich die vom Ausland eingesickerten „terroristischen Banden". Das sind Töne, welche auf die verängstigte schweigende Mehrheit in Syrien und die vielen religiösen und ethnischen Minderheiten wirken könnten. Denn diese Menschen sehnen sich nach Ruhe und Sicherheit.

Wie zu befürchten war, ist der syrische Konflikt längst über die Grenze in den Libanon geschwappt. In der sunnitisch geprägten Hafenstadt Tripoli, wo auch Alawiten leben, die seit jeher dem Assad-Regime verbunden sind, gab es Feuergefechte zwischen pro- und antisyrischen Fraktionen. Dasselbe gilt für Beirut und die südliche Hafenstadt Sidon, wo eine militante salafistische Gruppe, geführt von dem radikalen Prediger Scheich Ahmad al-Assir, von der libanesischen Armee um den Preis Dutzender von Toten niedergekämpft wurde.

Die Großmächte und der Kampf um Syrien

Wie vor Jahrzehnten im Libanon wird auch der syrische Krieg von regionalen und internationalen Rivalitäten überlagert, die sich zu einem Kampf um die künftige Kontrolle über Syrien zugespitzt haben. Auf regionaler Ebene stehen sich, – wie schon dargelegt, – der Iran auf der einen Seite und Saudi-Arabien auf der anderen Seite gegenüber.

Die an Zeiten des Kalten Kriegs erinnernde Konfliktlinie auf internationaler Ebene stellt Amerika und Russland gegeneinander. Darüber hinaus sind die Spannungen zwischen dem Iran und der Türkei zu nennen: Der Iran ist der strategische Verbündete Syriens in der Region und die Türkei ist die äußere Macht, die der syrischen Opposition am meisten hilft. Die gemäßigt islamistische Regierung in Ankara beherbergt den „Syrischen Nationalrat", die „Freie Syrische Armee" und eine große Zahl syrischer Flüchtlinge. Darüber hinaus lässt Premierminister Erdoğan auch extremistische Gotteskrieger über türkisches Gebiet nach Syrien einsickern.

Washington fordert ungeachtet des russischen Widerstands den Sturz des syrischen Präsidenten Assad und tritt gleichzeitig für Verhandlungen zwischen dem Regime und der Opposition ein. Diese Haltung ist widersprüchlich. Die Erklärung dafür ist jedoch sehr einfach: Dahinter steckt der Druck Israels, das den US-Kongress und republikanische Falken an seiner Seite weiß. Es geht Jerusalem und damit den USA vor allem darum, den Iran zu isolieren und ihn seines regionalen Trumpfes zu berauben. Das heißt, Teheran soll den Zugriff auf die schiitische Hisbollah verlieren, der von der iranischen Stellung in Damaskus abhängt. Ist der Iran erst einmal aus Syrien verdrängt, hätte Israel sein wichtigstes Ziel erreicht. Damit wäre nämlich die Achse Teheran-Damaskus-Hisbollah zerbrochen, die in den letzten Jahren die vorherige strategische Überlegenheit Israels vom östlichen Mittelmeer bis zum Persischen Golf in Frage gestellt hat.

Die Vereinigten Staaten sind nicht darauf aus, sich selbst militärisch in Syrien zu engagieren. Sie wissen, dass eine solche Unternehmung ein unkalkulierbares Abenteuer wäre, das ihren eigenen Interessen nachhaltig schaden könnte. Ein direktes Eingreifen der amerikanischen Streitkräfte, in welcher Form auch immer, würde wahrscheinlich einen offenen Zusammenstoß mit Moskau nach sich ziehen. Das will Amerika nicht riskieren. Hinzu kommt, dass jede militärische Intervention verheerende Folgen für den ganzen Nahen und Mittleren Osten haben könnte. Nicht umsonst hat der ehemalige UN-Sondergesandte Kofi Annan vor den Folgen gewarnt, falls der Konflikt weiter eskaliert: „Syrien ist nicht Libyen, es wird nicht implodieren, sondern es wird explodieren, mit einer Sprengkraft weit über seine Grenzen hinaus". Das heißt, die strategisch bedeutsame Region würde noch erheblich instabiler werden, als sie es ohnehin schon ist. Religiös-sektiererischer Hass könnte sich ausbreiten, Israel müsste sich auf unsichere Grenzen einstellen, ebenso wie der Irak und die Türkei.

Die Gefahr, dass der extremistische Islamismus auf längere Sicht in Syrien Fuß fassen könnte, wäre sehr real. Was die Haltung Moskaus in der Syrienfrage angeht, so ist die Einschätzung von Dmitri Trenin, der das Moskauer Carnegie Center leitet, sehr bemerkenswert. Nicht die russischen Waffengeschäfte mit dem syrischen Regime oder der Nutzen der Versorgungsstation für die russische Kriegsmarine im syrischen Hafen von Tartus stehen dabei für Moskau im Vordergrund, sondern grundsätzliche Erwägungen, argumentiert Dmitri Trenin: „Der russischen Politik geht es bei Syrien, ähnlich wie zuvor bei Libyen, dem Irak oder Jugoslawien, in erster Linie um die internationale Ordnung. Es handelt sich aus russischer Perspektive darum, *wer entscheidet:* Wer entscheidet über die Anwendung militärischer Gewalt; wer entscheidet darüber, welche Akteure diese Gewalt einsetzen; und wer entscheidet, unter welchen Regeln, welchen Bedingungen und welcher Aufsicht militärische Gewalt angewendet wird. Das ist natürlich in Verbindung mit den nationalen Interessen Russlands zu sehen. Moskau ist besorgt darüber, dass die USA nach ihrem Gutdünken Gewalt einsetzen könnten, ohne irgendeiner äußeren Beschränkung zu unterliegen. Das könnte nahe der russischen Grenzen zu Interventionen von außen führen, oder sogar innerhalb dieser Grenzen – vor allem im Nordkaukasus. Moskau ist seit jeher gegen den Einsatz militärischer Gewalt ohne ein klares Mandat des UN-Sicherheits-Rates. Das liegt in der Tatsache begründet, dass Russland als ständiges Mitglied des Rates über ein Vetorecht verfügt. Darüber hinaus lehnt Moskau es ab, das Konzept des Regimewechsels unter dem Druck einer ausländischen Macht zu akzeptieren. Hier geht es um das Prinzip der Nichteinmischung. (…) Kurzum, unter Vladimir Putin ist die Souveränität des Staates und seine territoriale Integrität Glaubensartikel russischer Außenpolitik geworden.

Allerdings bleibt festzuhalten, dass Moskau im Fall Libyen von diesem Grundsatz abge-

Abb. 35 Touristenhotel vor der Zerstörung. Im Vordergrund das historische Café aus der Zeit um 1900. Ebenfalls durch den Krieg völlig zerstört.

Abb. 34 Zerstörtes Touristenhotel in Aleppo. Aufnahme 2013.

wichen ist. Es hat sich bei dem Beschluss des Sicherheitsrates für eine Intervention enthalten. Dabei ging es um eine humanitäre Operation zur Rettung von Menschenleben in Bengasi. Nur, um dann zu erleben, dass die NATO ihr Mandat grob dazu missbraucht hat, einen Regimewechsel in Libyen herbeizuführen. Seither hat sich die russische Position in dieser Frage verhärtet.

Aber die Haltung Moskaus in der Syrienfrage wird auch durch den möglichen Ausgang des Konflikts bestimmt. Die russische Furcht richtet sich darauf, dass ein gewaltsamer Sturz von Präsident Assad zuerst ein Chaos nach sich ziehen würde, das es radikalen Gruppen und al-Qaida-Elementen erlauben würde, in Syrien Fuß zu fassen. Und das nur einige hundert Meilen entfernt von Russlands eigenem turbulenten Nordkaukasus.

Obwohl es bei den dortigen Fragen um hausgemachte Probleme geht, lassen sich die kaukasischen Jihadisten durch die Ereignisse im Nahen

Osten inspirieren und erhalten auch Beistand aus der Region. Die Olympischen Winterspiele in Sotschi finden in nicht allzu langer Zeit statt. Angesichts dessen ist Moskau darum bemüht, jeder Entwicklung vorzubeugen, die Russlands südliches Grenzland destabilisieren könnte.

All das erklärt, warum Moskau einer brutalen staatlichen Ordnung gegenüber jedem möglichen Chaos den Vorzug gegeben hat. Trotz der Eskalation der Gewalt in Syrien ist bisher nichts geschehen, das Moskau dazu gezwungen hätte, seine Position zu überdenken: Die syrische Armee hat sich nicht im Namen der Nation gegen Assad gewendet. Nur wenn diese Konstante sich entscheidend ändert und sich die Strömung definitiv gegen das Assad-Regime dreht, wird Russland sich gezwungen sehen, seine Politik zu modifizieren.

Doch abgesehen von solch dramatischen Entwicklungen könnte Moskau dann bereit sein, mit Amerika zu kooperieren, wenn das Handlungsziel sich änderte. Wenn also statt eines Regimewechsels ein Übergangsprozess angepeilt würde, somit die Gewalt durch einen politischen Prozess ersetzt würde. Das würde den USA ebenso wie Russland eine Anpassung ihrer Prinzipien abverlangen, um ihre übergeordneten Interessen zu schützen. Und das könnte die einzige Aussicht auf eine internationale Zusammenarbeit in der Syrienfrage sein." – (Dmitri Trenin, Syria: A Russian Perspective, 28. Juni 2012 – Sada, Analysis on Arab reform, Carnegie Endowment for International Peace).

Die Ausführungen von Dmitri Trenin machen deutlich, dass Amerika und Russland den Schlüssel für den Beginn einer Deeskalation im syrischen Krieg in Händen halten. Ob die beiden rivalisierenden Mächte aber tatsächlich willens sind, aufeinander zuzugehen, um den Sturz Syriens in den Abgrund aufzuhalten?

Unbestritten ist, dass jeder Friedensplan nur dann eine Chance auf Erfolg hat, wenn die Krise entmilitarisiert wird. Deshalb müssen alle nur denkbaren Anstrengungen gemacht werden, um den syrischen Konflikt auf dem Verhandlungsweg zu beenden, bevor es zu spät ist. Dafür tragen die Großmächte die politische und die moralische Verantwortung. (Abb. 34, 35)

Das UNESCO-Weltkulturerbe und der Krieg in Syrien

Mamoun Fansa

In den Haager Konventionen von 1899 und 1907 haben die damaligen Weltmächte und weitere Staaten kriegsvölkerrechtliche Regelungen vereinbart. Am 14. Mai 1954 sind in Anlehnung an diese Vereinbarungen mit der „Haager Konvention zum Schutz von Kulturgut bei bewaffneten Konflikten" erstmals internationale Normen zum Schutz und zur Erhaltung von Kulturerbe im Fall bewaffneter Konflikte vertraglich fixiert worden. Ausgehend von dieser rechtlichen Grundlage wurde 1972 in Paris ein Übereinkommen zum Schutz von Kultur- und Naturerbe der Welt verabschiedet, das 1975 in Kraft getreten ist, nachdem es von 189 Staaten für ihr Gebiet akzeptiert worden war. Die Unterzeichnenden haben sich damit verpflichtet, ihr Kulturerbe zu erfassen und zu schützen.

So heißt es darin, dass *„jede Schädigung von Kulturgut, gleichgültig welchem Volk es gehört, eine Schädigung des kulturellen Erbes der ganzen Menschheit bedeutet, weil jedes Volk seinen Beitrag zum Kulturerbe leistet."* Die Staaten, die dieses Abkommen unterschrieben haben, sagten zu, das auf ihrem Gebiet befindliche Kulturerbe oder anerkannte Weltkulturerbe besonders

zu erhalten, zu schützen und insbesondere in Kriegszeiten dafür zu sorgen, dass dieses nicht beschädigt wird. Auch Diebstahl, Plünderungen und widerrechtliche Inbesitznahmen von Kulturgut, insbesondere der beweglichen und unbeweglichen Objekte, werden rechtlich geahndet. 1999 wurde die Vereinbarung von 1954 ergänzt, präzisiert, formuliert und in einem Protokoll zusammengefasst. Alle diese Abkommen zum Kulturschutz sind unter der Federführung der Vereinten Nationen geordnet. Für die Einhaltung und Überwachung ist die UNESCO zuständig. Das bedeutet, dass bei kriegerischen Auseinandersetzungen und Verletzung der Bestimmungen dieses Abkommens die UNESCO bei den Verantwortlichen vorstellig werden und auf die Einhaltung der Vorschriften hinweisen muss. Falls Sanktionen erforderlich sind, werden entsprechende Maßnahmen ergriffen.

Nach Angaben der UNESCO sind 125 Staaten in dieses Abkommen von 1954 als Vertragspartner aufgenommen worden, 101 Staaten haben die Protokolle von 1954 und 1999 unterschrieben. Syrien gehört ebenfalls dazu. Die fünf

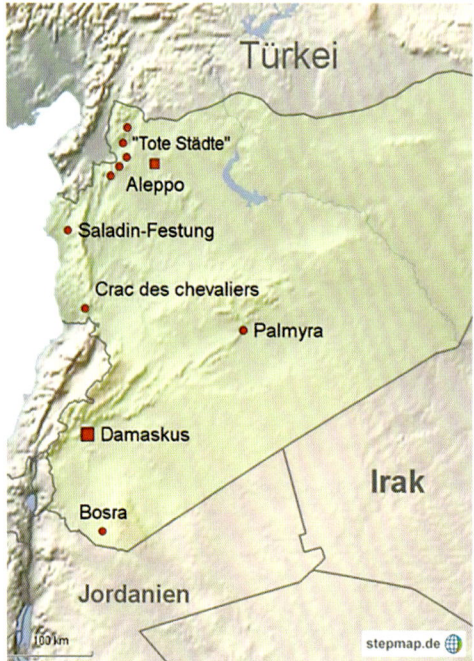

Abb. 36 Von der UNESCO wurden sechs Kulturerbestätten in den letzten 30 Jahren anerkannt. Bei allen Stätten wurden Zerstörungen und Plünderungen durch den Krieg registriert.

schweren Verstöße bei kriegerischen Auseinandersetzungen sind in Artikel 15 beschrieben:

· Angriffe gegen Kulturgut unter verstärktem Schutz
· die Verwendung von Kulturgut unter verstärktem Schutz für militärische Handlungen
· Zerstörung oder Aneignung von beschütztem Kulturgut in großem Ausmaß
· Angriffe gegen geschütztes Kulturgut oder dessen Diebstahl und Plünderung
· Unterschlagung oder böswillige Schädigung

Alle, die die Vereinbarung unterschrieben haben, sind zudem verpflichtet, diese Vorschriften in ihr nationales Recht aufzunehmen. Die Artikel 16 bis 20 regeln die Gerichtsbarkeit, die Strafverfolgung und die Verantwortlichkeit. Weitere Artikel regeln die gesamten Rechtsvereinbarungen über den Umgang mit Kulturgut in bewaffneten Kon-

flikten. Inwieweit im syrischen Bürgerkrieg die Rechtsvorschriften angewandt werden können, ist fraglich. Die beteiligten Parteien in diesem unsäglichen Bürgerkrieg schreiben sich gegenseitig die Schuld zu. Die Soldaten und die Offiziere der syrischen Armee müssen in der Regel in ihrer Ausbildung die rechtlichen Bestimmungen bezüglich des Kulturerbes gelernt haben. Die Rebellen, die teilweise unaufgeklärt und eventuell auch aus anderen Ländern eingeschleust werden, sind auf diese Art von Kulturschutz nicht vorbereitet. Meines Erachtens liegt die Verantwortung für die kulturhistorischen Stätten, ungeachtet dessen, ob sie Bestandteil der Liste der UNESCO sind oder nicht, beim syrischen Staat und seiner Armee. Die Kulturdenkmäler dürften nicht als Position für Scharfschützen und als Militärstationen verwendet werden.

Das UNESCO-Weltkulturerbe – Stätten in Syrien

Die UNESCO hat zwischen den Jahren 1979 und 2011 sechs Denkmalorte in Syrien in die Liste der Welterbestätten aufgenommen. Es handelt sich hierbei um einige der wichtigsten Kulturdenkmale in Syrien. Die Landkarte mit den historischen Standorten zeigt den Reichtum und die Diversität der Kulturen. (Abb. 36)

Sowohl in der Küstenregion als auch im Binnenland bis in die Wüsten hinein, finden sich zahlreiche kulturhistorische Stätten, die eine große Bedeutung für die Menschheitsgeschichte von der Steinzeit bis in die frühe Neuzeit haben. Der französische Orientalist René Dussaud beschrieb Syrien in dem Band „Topographie Historique de la Syrie Antique et Médiévale" (Paris 1927) mit den folgenden Worten: „Ganz Syrien ist ein Freilichtmuseum."

Nachfolgend werden die von der UNESCO anerkannten Denkmalorte kurz beschrieben und so weit wie möglich auf die Zerstörungen oder Plünderungen durch den Bürgerkrieg hingewiesen. Die Beschaffung diesbezüglicher aktueller Informationen ist bei den derzeit herrschenden katastrophalen Verhältnissen in Syrien teilweise unmöglich und die Informationen sind nicht eindeutig gesichert. Ich möchte trotzdem alle mir seriös erscheinenden Auskünfte an die Leser weitergeben, um auf die dortigen Verhältnisse aufmerksam zu machen. Amerikanische, englische, französische Zeitungen und Zeitschriften berichten regelmäßig über Plünderungen und die Zerstörung von Kulturerbestätten und Museen in Syrien.

Aus verschiedenen Quellen im Internet konnte ich am 10.01.2013 folgende Informationen zusammenstellen: Das Museum in Homs wurde laut BBC beschädigt und einige Objekte wurden entwendet, die antike Stadt Apameia mit der Säulen-Straße teilweise zerstört und verschiedener Objekte beraubt. Bilder von Satellitenaufnahmen zeigen zahlreiche Grabungen, dort liegen die Funde fast direkt an der Oberfläche, wie in der Plattform „Archaeologik" im Internet nachzulesen ist. Über die Zerstörung von Denkmälern durch den Krieg in Syrien ist ebenfalls im Stern am 20.6.2013, in der Süddeutschen Zeitung vom 29.09.2012, 01.10.2012 und 25.04 2013 sowie in der ZEIT vom 30.08.2012 berichtet worden. In Syrien arbeiten kriminelle Banden im Auftrag von internationalen Kunst- und Antikenhändlern. Der syrische UNESCO-Vertreter klagt über die Verwicklung türkischer und libanesischer Aktienhändler in die Plünderungen und die Beschaffung von Objekten aus Syrien. Des Weiteren hat die UNESCO am 20.06.2013 auf ihrer Internetseite auf die Gefährdung aller sechs Weltkulturerbestätten in Syrien hingewiesen, sie wurden auf die Rote Liste gesetzt und die Kriegsparteien aufgefordert, das Weltkulturerbe besonders zu achten.

Die Altstadt von Damaskus

Damaskus wurde 1979 als erster historischer Ort in Syrien in die Liste des UNESCO-Weltkul-

turerbes aufgenommen. Die ersten Siedlungsspuren datieren in das 3. Jt. v. Chr. und wurden in der fruchtbaren Oase von Damaskus gefunden. Bis zur Mitte des 9. Jhs. v. Chr. sind zahlreiche Siedlungsstellen in dieser Oase bekannt. Nach schriftlichen Quellen ist Damaskus im 9. Jh. v. Chr. die Hauptstadt des Staates Aram. Dieser Name ist aus den literarischen Quellen im Zusammenhang mit der Belagerung durch die Assyrer bekannt. Um 732 v. Chr. wurde die Stadt assyrisch und die Glanzzeit von Aram endete. Die Stadt wurde zerstört und die Bevölkerung deportiert. Spätestens jedoch am Ende des 4. Jhs. v. Chr. spielte sie wieder eine wichtige Rolle in der Kulturgeschichte des Nahen Ostens. 333 v. Chr. wurde sie von Alexander dem Großen erobert. Im Jahre 85 v. Chr. haben die Damaszener die Herrschaft über Damaskus an die Nabatäer übertragen und knapp 20 Jahre später, 66 v. Chr., wurde Damaskus von den Römern erobert. In römischer Zeit ist die Stadtmauer entstanden. Im Zentrum der Stadt befindet sich der Jupitertempel – aller Wahrscheinlichkeit nach an derselben Stelle, an der der aramäische Tempel gestanden hat. Wie Aleppo wurde Damaskus 375 n. Chr. zerschlagen. Das Römische Reich wurde christlich und anstelle des römischen Tempels wurde eine Basilika errichtet. Teile der byzantinischen Stadtmauer sind in Damaskus immer noch zu sehen.

Im Jahr 710 wurde Damaskus von den Muslimen erobert und diente über 60 Jahre als Hauptstadt der umayyadischen Kalifen. Die große Moschee von Damaskus, die als Wahrzeichen wahrgenommen wird, ist in den Tempelbezirk und den den Bereich der Basilika eingebaut worden, wo zahlreiche Handwerksbetriebe und Läden entstanden. In der zweiten Hälfte des 19. Jhs. wurde die Ost-West-Achse des Hauptbasars errichtet. In den Wohnquartieren liegen kleine Moscheen; in den von Christen bewohnten Vierteln Kirchen und weitere religiöse Bauten. Damaskus ist in den letzten Jahrhunderten durch die Große Moschee eines der islamischen Zentren des Nahen Ostens geworden. Die Altstadt von Damaskus ist bislang nach übereinstimmenden Informationen verschont geblieben, bei einer Ausweitung des Bürgerkriegs auf das Zentrum von Damaskus droht hier jedoch auch die Zerstörung. (Abb. 37, 38)

Ruinen von Palmyra

Palmyra liegt in der syrischen Wüste, 100 km östlich von Homs und 160 km nordöstlich von Damaskus entfernt. Das Ruinenfeld Palmyra wurde 1980 von der UNESCO als Weltkulturerbe anerkannt. Der Name *Palmyra* ist in der babylonischen Schrift zur Zeit des Königreiches von Mari erwähnt worden. Dort wurde erst die amoritische Sprache, später Aramäisch gesprochen. Palmyra zählt weltweit zu den wichtigsten archäologischen Fundstellen der Antike. Sie liegt mitten in der syrischen Wüste und gehört zur

Abb. 38 Die große Moschee (Umayyaden-Moschee, Damaskus). Der gesamte Komplex der Innenstadt von Damaskus gehört zum Weltkulturerbe.

Abb. 37 Blick auf die große Moschee in Damaskus mit den Resten der antiken Bauten.

Provinz Homs. Sie war die Hauptstadt des Königreichs Tadmor und wird häufig als die „Perle der Wüste" bezeichnet. Das Einflussgebiet von Palmyra reichte bis zu den Grenzregionen der Perser, dem Mittelmeer, Palästina und Ägypten. Unter den antiken Städten Syriens nahm die Oasenstadt Palmyra an der Grenze zum Sasanidenreich im Osten und als Umschlagplatz auf dem Karawanenweg zwischen China, Indien, Arabien und dem Mittelmeer eine Sonderstellung ein. In der zweiten Hälfte des 3. Jhs. n. Chr. dehnte Königin Zenobia den Machtbereich Palmyras erheblich aus, löste sich vom römischen Reichsverband und gründete ein eigenständiges Reich. Der römische Kaiser Aurelian (reg. 270–275) eroberte Palmyra 272 n. Chr. zurück.

Abb. 39 Baal-Tempel in Palmyra. Aufnahme aus dem Jahr 2005.

zentralen Säulenstraße, dem Tempel, der Agora und dem Theater. Palmyra ist eine der wichtigsten Touristenattraktionen in Syrien. Zahlreiche Quellen berichten, dass unter den archäologischen Funden des Nachts insbesondere Architekturteile entwendet wurden. (Abb. 39, 40)

Altstadt von Bosra, einschließlich Amphitheater

Die Altstadt von Bosra und das Amphitheater wurden 1980 von der UNESCO als Weltkulturerbe anerkannt.

Das heutige Bosra, etwa 100 km südlich von Damaskus, liegt an derselben Stelle, an der sich um 2000 v. Chr. eine bronzezeitliche Siedlung mit dem Namen Burūna befand, die erstmals in den Amarna-Briefen erwähnt wird. Die zweite literarische Erwähnung erfolgt in der Zeit der Nachfolger Alexanders des Großen, in der Bosra zum Seleukidenreich gehörte. Seit Beginn des

Danach versank die Stadt jedoch in weitgehender Bedeutungslosigkeit, bis sie Anfang des 20. Jhs. wiederentdeckt und in dem Gebiet zahlreiche archäologische Untersuchungen und Restaurierungsarbeiten durchgeführt wurden. Der kulturelle Einfluss der Griechen und Römer wird in der Architektur Palmyras deutlich: mit der

Abb. 40 Der Eingang zur Säulenstraße in Palmyra. Aufnahme 1996.

Abb. 41 Reste der byzantinischen Kathedrale in Bosra; gehört zum Weltkulturerbe.

bekannt für den vulkanischen Stein, der in allen Architekturbauten verwendet wurde.

Es liegt an der Seidenstraße und stellt so die Verbindung zum Mittelmeer und zum Roten Meer her. Zu den heute bekanntesten Bauten zählt das römische Theater, das ca. 15.000 Zuschauer beherbergen konnte. Das Theater sowie die Stadt gehören zum Weltkulturerbe. Außerdem befinden sich in Bosra die Kathedrale des Heiligen Sergius sowie die Mabrak-an-Naba-Moschee, die 1136 errichtet wurde. Die Stadt ist bis heute von mehreren Tausend Menschen bewohnt und auch hier wurde von Zerstörung und Plünderung berichtet. (Abb. 41)

2. Jhs. v. Chr. war sie Teil des Nabatäerreichs, das bis nach Damaskus reichte, und von 70 bis 106 n. Chr. dessen Hauptstadt. Die Stadt wurde nach der Eroberung durch den römischen Kaiser Traian (reg. 98–177) mit den gesamten restlichen Reichsgebieten der Nabatäer in das Römische Reich eingegliedert und zur Hauptstadt der neu eingerichteten Provinz Arabia Petraea. Zur Zeit des Kaisers Severus Alexander (reg. 222–235 n. Chr.) wurde sie in den Rang einer Kolonie erhoben und in der Zeit des Kaisers Philippus Arabs (reg. 244–249) zur Metropolis.

Bosra ist bekannt für zahlreiche römische Bauten, wie Tempel und Theater sowie Kirchen aus byzantinischer Zeit und war im 6. Jh. Bischofssitz. Die fünfschiffige Basilika zählt zu den bekanntesten Bauten des spätantiken Syrien. 634 wurde die Stadt von islamischen Eroberern eingenommen. Bei einem Erdbeben im Jahr 1157 wurde sie erheblich zerstört. In der mamlukischen Zeit wurde Bosra Provinzhauptstadt und im 13. Jh. wurde das Amphitheater zu einer Burg umgebaut. Bosra ist schließlich auch

Altstadt von Aleppo

Sie wurde 1988 in die Liste des Weltkulturerbes der UNESCO aufgenommen und zählt zu den ältesten Städten der Welt. Schon vor 5.000 Jahren wurde Aleppo kontinuierlich besiedelt. Die Spuren des altorientalischen Aleppo liegen in bis über 20 m Tiefe unter den Straßen und Bauten der heutigen Stadt. Der Bereich zwischen Zitadelle und Umayyaden-Moschee gehört zu den ältesten Siedlungsarealen Aleppos. Berliner Archäologen, unter der Leitung von Kay Kohlmeyer, haben in den letzten Jahren die bisher spektakulärsten Funde aus der Zeit um 1200 vor Chr. ausgegraben. Entdeckt wurden dabei Reliefs aus einem Wettertempel der hethitischen Zeit. Die ersten antiken Spuren reichen bis in hellenistische Zeit zurück. Der König Seleukos I. Nikator ließ um 300 v. Chr. neben dem altorientalischen Aleppo die Stadt Beroia erbauen. Zahlreiche Gassen der heutigen Altstadt folgen in ihrem Verlauf dem Raster von Seleukos' Stadtplanung. Der Tempel des hellenistisch-römischen Aleppo lag vermutlich dort, wo später die byzantinische Kathedrale stand und sich heute die Umayyaden-Moschee erhebt. Die Stadt wurde in römischer Zeit ausgebaut und gehörte nach 395 n. Chr. zum Einflussbereich des oströmischen Reiches. Mitte des 7. Jhs. begann die Herrschaft der Muslime. Die entscheidende Erweiterung der Stadt erfuhr Aleppo seit 1500 n. Chr. (s. Beitrag Gaube).

Aleppo war und ist noch immer eines der größten Handelszentren im Nahen Osten.

Mit der Zerstörung der Altstadt von Aleppo ist eine der sechs Weltkulturerbestätten der UNESCO in Syrien vollständig vernichtet worden. Inwieweit ein Wiederaufbau des gesamten Areals möglich sein wird, wird sich zeigen. Dieses Unternehmen wird enorme Anstrengungen sowie den Einsatz umfangreicher finanzieller Mittel erfordern. (s. Beitrag Qasmo) (Abb. 42)

Krak des Chevaliers und Qal'at Salah El-Din

Die beiden Burganlagen wurden 2006 in die Liste des UNSECO-Weltkulturerbes aufgenommen. Der Krak des Chevaliers liegt an der syrischen Küste, ca. 60 km von Homs entfernt. 1031 wurden die ersten befestigten Bauten vom Emir von Homs zu dem Zweck errichtet, die Handelsroute vom Binnenland zum Mittelmeer zu schützen. Anfang des 11. Jhs. wurde die Burg von den Kreuzfahrern, die auf dem Weg nach Jerusalem waren, eingenommen und stark ausgebaut. Nach mehrfachen Auseinandersetzungen mit den Arabern war sie von 1144 bis

Abb. 42 Blick auf die Zitadelle mit der Altstadt von Aleppo. Luftbildaufnahme 2003.

zum 8. April 1271 durchgängig in den Händen der Kreuzfahrer. Die Kreuzfahrerburg wurde im Lauf der Zeit mehrfach durch Erdbeben teilweise zerstört und wieder aufgebaut. Aufgrund finanzieller Schwierigkeiten übergab der Graf von Tripolis die Burg 1142 an den Johanniterorden. 1188 versuchte Sultan Saladin, die Burg zu erobern – ohne Erfolg. Die Anlage wurde 1926 von der damaligen syrischen Regierung an die Franzosen verkauft und war bis Ende der Mandatszeit in Syrien 1946 in französischem Besitz.

Die zahlreichen Bauten gehören eindeutig zur europäischen Wehrbauarchitektur. Die Anlage umfasst 30.000 m² und liegt etwa 750 m über dem Meeresspiegel. Sie besteht aus einem inneren und einem äußeren Befestigungsring. Zu den wichtigsten Elementen gehören der Rittersaal, die Kirche, die später durch die islamische Eroberung zu einer Moschee umgebaut wurde,

ein Lebensmittellager, eine Küche, Schlafsäle für die Ritter, ein Amphitheater, mehrere Türme, die unterschiedliche Funktionen hatten, und ein Saal für die königlichen Ritter.

Wegen der strategischen Lage der Burg ist nachvollziehbar, dass die Anlage auch heute für militärische Zwecke genutzt wird.

Laut Angaben der Internet-Plattform für archäologische Informationen (Archaeologik) haben die syrischen Soldaten mit ihren Panzern das Mauerwerk der Burg zerstört; es wurden auch architektonische Elemente und archäologische Funde geplündert.

Qal'at Salah El-Din

Bis Anfang der 1980er-Jahre hieß die Anlage Qal'at Sahyun, nach dem Besitzer der Kreuzfahrerzeit benannt. Sie liegt direkt an der Mit-

Abb. 43 Blick auf die Burg Krak de Chevaliers, 2006.

telmeerküste, 30 km östlich von Latakia. Die genaue Gründungszeit ist nicht bekannt, sie wurde im 10. Jh. erstmals urkundlich erwähnt. Der byzantinische Herrscher Johannes I. Tzimiske hat sie vom Herrscher der Hamdaniden 975 erobert und ausgebaut. 1108 wurde die Burg von den Kreuzfahrern eingenommen. Der Sohn von Robert von Sahyun, Wilhelm I., erweiterte die Anlage großzügig und errichtete zahlreiche neue Bauten. Der Einfluss der byzantinischen Festungsbaukunst ist unübersehbar. Qal'at Sahyun wurde 1188 von den Arabern erobert und durch arabisch-islamische Bauelemente erweitert. 1272 nahmen die Mamluken die Burg ein und später wurde sie türkisch. Ob die Burganlage, wie der Krak des Chevaliers, während des andauernden syrischen Bürgerkriegs zu Schaden gekommen ist, ist nicht bekannt. (Abb. 43)

Antike Dörfer in Nordsyrien (sog. Tote Städte)

Nordwestlich von Aleppo liegt die Region der toten Städte, die in der spätrömischen und byzantinischen Zeit durch ihre Kalkstein-Massivbauten eine zentrale Rolle in der Kulturentwicklung dieser Region gespielt hat. Die Region der Toten Städte wurde 2011 in das Verzeichnis des UNESCO-Weltkulturerbes aufgenommen.

Im 4. Jh. erlebte die Region eine kulturelle Blütezeit. Der Anbau von Oliven, Wein und Getreide spielte in der Wirtschaft dieser Region eine große Rolle. Eine bemerkenswerte Entwicklung zeigen hier der syrische Kirchenbau und

Abb. 44 Blick auf verschiedene Bauten der Spätantike in den sog. „Toten Städten" nordwestlich von Aleppo. Zählt zum Weltkulturerbe 2011.

der Beginn der frühchristlichen Kunst. Im 7. Jh. wurde die Region von den arabischen Muslimen erobert. Damit war der wirtschaftliche Niedergang nicht aufzuhalten. Die Dörfer wurden von den Menschen im 8./9. Jh. verlassen. Bis heute ist die Gegend sehr dünn besiedelt. (Abb. 44)

Viele Tausend Jahre Menschheitsgeschichte haben ihre sichtbaren Spuren auf syrischem Boden hinterlassen. Den Schutz dieser Kulturdenkmäler hat sich die Weltgemeinschaft auf Ihre Fahnen, genauer auf die Fahnen der UNESCO geschrieben. Stehen wir also gemeinsam auf, diesen Schutz einzufordern.

Überlegungen zu einer Zeit nach dem Krieg

DER WIEDERAUFBAU DER ALTSTADT VON ALEPPO – EINE VORLÄUFIGE ÜBERLEGUNG

Tamim Qasmo

Die Altstadt von Aleppo wurde von der UNESCO in die Liste des Weltkulturerbes aufgenommen. Zwei Bedingungen sind Grundvoraussetzung für eine Aufnahme der Orte in diese Liste: Sie müssen ein einzigartiges oder zumindest außergewöhnliches Zeugnis einer kulturellen Tradition oder einer bestehenden bzw. untergegangenen Kultur sein. Zudem müssen sie einen charakteristischen Typus von Gebäuden, architektonischen oder technologischen Ensembles oder außergewöhnliche Landschaften repräsentieren, die einen oder mehrere bedeutsame Abschnitte der Menschheitsgeschichte versinnbildlichen. Diese Vorgaben sollten auch als Maßstäbe bei den Planungen des Wiederaufbaus der Altstadt von Aleppo dienen.

Dem Plan für den Wiederaufbau der Altstadt von Aleppo seien einige Überlegungen vorangestellt: Der erste Punkt betrifft die Finanzierung des Wiederaufbaus.

Zunächst sollte die Quantifizierung der materiellen und wirtschaftlichen Schäden erfolgen, um die Höhe der voraussichtlichen Kosten einschätzen zu können. In einem weiteren Schritt muss ermittelt werden, von welchen Institutionen der Wiederaufbau finanziert werden könnte und in welcher Höhe diese sich beteiligen.

Der zweite Aspekt betrifft den Wiederaufbau selbst. Auch dabei muss zunächst geprüft werden, in welchem Umfang sich die Institutionen jeweils einbringen können und über welche wissenschaftlichen, kulturgeschichtlichen und künstlerischen Kenntnisse sie verfügen. Dabei ist es unerlässlich, den vor vielen Jahren vorangegangenen Wiederaufbau noch einmal kritisch zu untersuchen, um eventuelle, damals gemachte Fehler für die Zukunft zu vermeiden. Diese ersten Vorarbeiten bergen folgende Unwägsamkeiten:

Schon die Quantifizierung der Schäden ist derzeit noch schwierig. Informationen kommen diesbezüglich von den derzeitigen Bewohnern der Altstadt und sind der Berichterstattung der Medien zu entnehmen. Auf dieser Basis kann der aktuelle Stand wie folgt zusammengefasst werden: Die umfangreichsten Schäden konzentrieren sich auf die unmittelbaren Kampfgebiete. Hinzu kommen mittelschwere bis einfache Schäden in weiteren Stadtvierteln. Zu der ersten Gruppe gehört die fast vollständige Vernichtung des Suq (Souk) Al-Medine und seiner unmittelbaren Umgebung. Warenbestände in den Geschäften wurden zerstört und ein erheblicher Teil der wirtschaftlichen Aktivitäten wurde in andere Städte oder ins Ausland verlagert. Hinzu kommen weitere materielle Schäden verschiedenen Umfangs in den lokalen Markthallen. Auch wurden wichtige Baudenkmäler und Bauten für touristische Zwecke in den Kampfzentren und an Verkehrsknotenpunkten in großem Umfang zerstört.

Zur zweiten Gruppe gehören Schäden mittleren bis geringeren Volumens in den von Wohngebieten entfernten Kampfstellungen, verursacht durch Bomben mit beschränktem Wirkungsgrad. Ein kleiner Teil der Bewohner verließ die umkämpften Gebiete, aber ein verhältnismäßig großer Teil blieb am Wohnort.

Angesichts der derzeitigen Situation ist kaum zu erwarten, dass Mittel in größerem Umfang zur Verfügung stehen werden, um die Finanzierung für den Wiederaufbau der Altstadt von Aleppo abzusichern. Der zu erwartende Beitrag, internationale Mittel eingeschlossen, wird dem Kostenvolumen der entstandenen Schäden sicher nicht entsprechen. Ohne Zweifel wird bei der Finanzierung auch der syrische Staat eine wichtige Rolle spielen. Schließlich ist auch damit zu rechnen, dass die Bevölkerung – die Elite ausgenommen – die Finanzierung des Wiederaufbaus historischer Baudenkmäler kritisch sehen wird, wenn dabei die persönliche Situation der Menschen selbst keine Berücksichtigung findet. Aus diesem Grund ist vorgesehen, dass die finanziellen Beiträge so eingesetzt werden, dass der Wiederaufbauplan die eigenen Kräfte in Al-Medine aktiviert. So trägt jede vorgeschlagene Phase dazu bei, die folgende anzustoßen. Der avisierte Finanzierungsplan gibt also nicht die Gestaltung vor, er dient als Motor in einem dynamischen Aufbauprozess. Ein solches Konzept wird eher den Zielvorstellungen der Bevölkerung in Aleppo entsprechen und diese von Anfang an in das Wiederaufbauprogramm einbeziehen.

Der Wiederaufbau kann so kurz- und mittelfristig zum Wohl der Einwohner beitragen. Die angesprochene Eigendynamik betrifft in erster Linie die Sanierung des Wirtschaftsstandorts Aleppo und in einem zweiten Schritt dann die Belebung des Inlandtourismus. Die Altstadt von Aleppo weist verschiedene eigene, ihr innewohnende Kräfte und Anziehungsfaktoren auf, die aktiviert werden können. Dazu gehören zunächst einmal die für den Handel vorteilhafte Lage der Altstadt im Zentrum von Aleppo und ihre Verkehrsanbindung. Sie zieht Besucher aus der städtischen und ländlichen Bevölkerung aus Aleppo, der Umgebung und den nahe gelegenen Städten an. Sie war immer Zentrum der alten, traditionellen Handelsaktivitäten und trug dadurch sowohl zur Pflege geschäftlicher wie auch menschlicher Beziehungen bei.

Ein verhältnismäßig großer Teil der Altstadtbewohner hat in den dort konzentrierten Wirtschaftszweigen, wie Textil-, Metall- und Holzhandwerk sowie dem Handel mit Lebensmitteln, Gewürzen, Stoff, Lederartikeln, Gold und Haushaltswaren, gearbeitet. Zudem sind zahlreiche wirtschaftlich ungenutzte Immobilien ebenso wie große Wohnungen verfügbar. Nicht zu vernachlässigen ist der hohe symbolische Wert, den die Altstadt auch für die Gesamtbevölkerung der Großstadt Aleppo hat. Bemerkenswert ist dabei die nostalgische Einstellung der jungen Generation, die die Altstadt als Naherholungsgebiet nutzt und z. B. Spaziergänge um die Zitadelle herum unternimmt.

Mit einem solchen Plan, der eine gewisse Eigendynamik zulässt, kommt man der natürlichen Begabung der Aleppiner, ungewöhnliche Lösungen für Probleme zu finden, die für kluge Planer scheinbar schwer zu lösen sind, entgegen. Zudem würden bekannte Persönlichkeiten der Stadt Aleppo anstelle des Staates die Initia-

Abb. 45 Luftbildaufnahme mit Blick auf die gesamte Umayyaden-Moschee und das dazugehörige Minarett, das durch die Kriegsereignisse vollkommen zerstört wurde.

tive ergreifen und Gruppen in Geschäften und Wohnbezirken bei dem Wiederaufbau unterstützen. Diese private Hilfe ist infolge der Kampfhandlungen zum Erliegen gekommen.

Die Rolle des Tourismus bleibt bei dieser Aufzählung zunächst einmal unerwähnt, weil nicht zu erwarten ist, dass der ausländische Tourismus die Frequenz von vor fünf Jahren kurzfristig wieder erreichen kann. Die Planungen sehen daher zunächst einmal eine Konzentration auf den Inlandtourismus aus der Großregion vor. Dies kann sich jedoch in Zukunft mittelfristig wieder ändern und ausweiten.

Vor diesem Hintergrund einer ersten Erfassung der entstanden Schäden und der Berück-

sichtigung der Möglichkeiten einer eigenständigen Erholung, können folgende Maßnahmen für den Wiederaufbau der Altstadt von Aleppo vorgeschlagen werden:

In einem ersten Schritt müssen die Verkehrszentren von Trümmern und Bauschutt befreit werden. Zugleich sollen Reparaturmaßnahmen an der unterirdischen Infrastruktur erfolgen. Dabei sollte generell streng darauf geachtet werden, dass keine Teile der historischen Bausubstanz verloren gehen, sondern dass diese beim Wiederaufbau integriert werden, z. B. das Minarett der Mahmendar-Moschee, das Haus der städtischen Verwaltung (vormals Haus für Emigration und Reisepässe), das Minarett der großen Moschee etc. (Abb. 45) Begleitend zu diesen ersten Aufräumaktionen müssen medienwirksame, den gesamten Sanierungsprozess begleitende Informationskampagnen im In- und Ausland gestartet werden. Dazu gehört die Motivation der in der Stadt Aleppo heimischen und aktiven Verbände und Vereine zum Besuch der Altstadt, damit diese sich über den Zerstörungsprozess informieren. Auch internationale Vereinigungen und Institutionen sollten dazu eingeladen werden.

Die Aktivitäten von Jugendorganisationen, die Dienstleistungen in der Altstadt anbieten, sollen organisiert und koordiniert sowie in größerem Umfang bekannt gemacht werden. Durch eine Zusammenarbeit der örtlichen Bevölkerung mit den staatlichen Stellen soll die Sicherheit der Bevölkerung garantiert und die laufenden Arbeiten vor Übergriffen geschützt werden.

Die Sanierungsarbeiten sollen mit den Suqs beginnen, um die ehemals dort Beschäftigten für das Aufbauprojekt zu gewinnen, Besucher anzuziehen, die Arbeitskräfte, die im Handel beschäftigt waren, zur Rückkehr an ihre Arbeitsstellen und zur erneuten Ansiedlung in der Altstadt zu ermuntern. Dabei geht es erstens um die Zentralachse des Suq Al-Medine, (die Khans) und die Teile des Suqs (Djallum, Suwaiqa), zweitens um die lokalen Märkte Suq Al-Khabie, Al-Zaki, Al-Djedaide, Qastal Al-Harami, Qadi Askar, Agheur etc. und drittens um die Handelsachse Djeb Al-Qubbe, Eisentor, Al-Huaar, Djadet Al-Khandaq.

Voraussetzung dafür ist die Bereitstellung öffentlicher Verkehrsmittel von und zur Altstadt und die damit verbundene Wiederherstellung der Verkehrsverbindungen für Bewohner und Besucher innerhalb eines angemessenen Zeitraums, auch um die Zitadelle herum. (Abb. 46)

Die wirtschaftliche Nutzung großer Wohnimmobilien auch außerhalb der Altstadtgrenzen für Kindergärten, Altersresidenzen und Waisenhäuser sollte aktiv gefördert werden. Die

zerstörten Bauten, die einen hohen symbolischen Wert aufwiesen, müssten saniert werden, besonders diejenigen, die an den zentralen Verkehrsanbindungen liegen. Hier können Institutionen und Sponsoren während jeder Bauphase mitwirken. Die Wiederherstellung der Bauten für die touristische Nutzung kann parallel zu den anderen Baumaßnahmen erfolgen, denn auch der ausländische Tourismus wird hoffentlich schrittweise nach der Wiedereinkehr des Alltagslebens in die Altstadt zurückkehren. Erforderlich ist, zuerst mit den Bauten zu beginnen, die von den Stadtbewohnern früher genutzt und besucht wurden. Vermutlich wird dann der Wiederaufbauprozess selbst Anreiz für den

Abb. 46 In der Umgebung der Umayyaden-Moschee wurde ebenfalls die Infrastruktur der letzten zehn Jahre erneuert.

Tamim Qasmo

kulturellen und wissenschaftlichen Tourismus sein.

Für die erfolgreiche Durchführung der oben genannten Maßnahmen ist die Mitwirkung seitens der staatlichen Stellen und der Berufsorganisationen erforderlich. Zunächst sollte der syrische Staat alle Mitwirkenden und Beteiligten zur Mitarbeit am Wiederaufbau der Altstadt von Aleppo einladen. In den Kommissionen und Unterkommissionen zum Schutz der Altstadt von Aleppo müssen Strukturen entwickelt und Zuständigkeiten geregelt werden. In diese sollten Vertreter von Bürgerinitiativen aufgenommen werden, damit besondere gesetzliche, organisatorische und finanzielle Maßnahmen zur Beschleunigung des Arbeitsprozesses ergriffen werden können. Die Altstadtdirektion und die Antikenverwaltung müssen neu strukturiert und ausgestattet werden. Alle die Altstadt betreffenden Unterlagen sind der Verwaltung zur Verfügung zu stellen. Hinsichtlich der Wiederbereitstellung oder des Neuaufbaus von Wohnimmobilien bedarf auch die Bauaufsicht in der Altstadt einer Neustrukturierung. Seitens der privaten Ingenieurbüros und der Handwerksbetriebe, die in der Altstadt tätig sind, besteht Informationsbedarf. Die wissenschaftliche und praktische Arbeit an der Universität Aleppo mit allen Fakultäten, ihrem Lehrpersonal und den Studierenden muss im Hinblick auf den Wiederaufbauprozess schnell wieder aufgenommen werden.

Für soziale Einrichtungen sollten die Lizenzvergabebestimmungen erleichtert werden und zugleich auf eine Berücksichtigung der charakteristischen Architektur der Altstadtbauten geachtet werden. Weitere gesetzliche Regelungen sind zur Vereinfachung im Umgang mit mehrfachen Eigentumsverhältnissen und im Hinblick auf die Vermietungen notwendig. Dies ist ein Problem, das in der Altstadt seit Längerem besteht und sich in der Zukunft als noch schwerwiegender erweisen wird. Eine mögliche Lösung wäre das vorläufige Zurückstellen der Verfügbarkeit von Immobilien und deren Übernahme durch Institutionen in Absprache mit allen Betroffenen. Dazu ist eine staatliche Kontrolle in technischer und rechtlicher Hinsicht notwendig.

Schließlich soll eine Unfallkasse eingerichtet werden. Dafür müssen auf der Grundlage bisheriger Erfahrungen die finanziellen Mittel mit Blick auf die Forderungen der Bewohner aufgestockt werden.

Der Wiederaufbau der Altstadt von Aleppo wird sicher eine schwierige Aufgabe. Sie verlangt von allen Unterstützern, den Institutionen und Einrichtungen sowie allen Beteiligten eine Mitarbeit ohne Zögern bzw. Zurückhaltung. Diese Mitarbeit kann in Form von finanziellen Beiträgen, von Werbung oder durch das Einbringen von Erfahrungen in technischer, gesetzlicher oder organisatorischer Hinsicht erfolgen. Die Mitwirkung an dieser Aufgabe kann als Prüfmaßstab für ein ehrliches Mitwirken und eine solidarische Verantwortung der Welt zum Schutz des Kulturerbes gelten.

Abb. 47   Panoramaaufnahme eines sanierten Altstadthauses in Aleppo, 2000.

ZERSTÖRTE ORTE

in der Altstadt von Aleppo

„[...] der Zustand dieser Festung [ist]
sowohl im Hinblick auf ihre Stärke als auch
ihre Schönheit überwältigender, als eine
Beschreibung je darlegbar machen kann.
Ihre obere Mauer scheint nur aus Türmen
zu bestehen, die gut angeordnet sind und
überragende Aussichtspunkte bilden."

(Ibn Dschubair, Tagebuch eines Mekkapilgers, S. 187–189).

Bilder aus Vergangenheit und Gegenwart

Mamoun Fansa

Die Bilder zeigen, dass Aleppo nicht nur den Verlust von zahlreichen Menschen, unzählige Verletzte und hunderttausend zerstörte Häuser zu beklagen hat, sondern auch den Verlust von wichtigem Kulturerbe. Ein kompletter Wiederaufbau der Altstadt wird sicherlich nicht möglich sein, sowohl aus finanziellen als auch aus technischen Gründen. Die Altstadt von Aleppo – in ihrem Originalzustand – bleibt vielen Aleppinern nur als Symbol des Kulturerbes in Erinnerung.

Eine ausführliche bildliche und schriftliche Dokumentation bildet jedoch die unverzichtbare Grundlage für den Wiederaufbau der Altstadt von Aleppo. Es bleibt zu hoffen, dass die noch in der Denkmalpflege tätigen Mitarbeiter eine solche fotografische und schriftliche Dokumentation angefertigt haben.

Die syrische Regierung hat von Anbeginn des Aufstandes verhindert, dass ausländische Journalisten ins Land kommen, um unabhängige Berichte zu verfassen und zu veröffentlichen. Deshalb wurden die Bilder und Nachrichten aus Syrien in den Medien immer mit der Bemerkung kommentiert: „Diese Informationen lassen sich nicht von unabhängigen Quellen bestätigen."

Wer sich über die Entwicklung Syriens in den letzten 2,5 Jahren informieren möchte, kann sich aus der Fülle der im Internet verfügbaren Beiträge und anhand des dortigen Bildmaterials ein annähernd authentisches Bild von der Situation in Syrien machen. Die Bilder über die Vernichtung der Altstadt geben eine Vorstellung von dem Ausmaß der Zerstörung der syrischen Kultur.

Sie sind kurz nach der Bombardierung oder nach Gefechten entstanden und ins Internet gesetzt worden. Hunderte von Bildern aus der Altstadt zeigen uns, wie rücksichtslos beide Kriegsparteien mit dem Denkmalbestand umgegangen sind. Sie spiegeln die Brutalität dieses Krieges wider und dienen als Dokumentation für die zukünftige Wiederaufbauarbeit.

Ein Teil der Bilder wurde im Auftrag des Herausgebers erstellt. Sie sind in zum Teil dramatischer und gefährlicher Situation, oft unter Einsatz des Lebens entstanden. Es wurden dabei auch Bilder zu Gebäuden übernommen, deren exakte Lokalisierung im Stadtgebiet nicht mehr möglich ist. Besondere Probleme bereiten uns aufgrund der unterschiedlichen Bebauungen die Bilder der historischen Basare und deren Zuordnung zu den einzelnen Suq-Gassen. Es gibt in den Suqs, die sich insgesamt über 12 km Länge erstrecken, zahlreiche Abzweigungen, die teilweise nach handwerklichen Berufen, nach dem dort verkauften Material oder nach historischen Ereignissen benannt wurden. Die Bilder zeigen, dass die Zerstörungen, insbesondere im Basarbereich, derartig massiv sind, dass eine Identifizierung der einzelnen Stellen – sogar von Experten – nicht möglich ist, weil sie aus Sicherheitsgründen nicht in der Lage sind, diese Orte zu sichten. Die Aktivitäten der noch vorhandenen denkmalpflegerischen Institutionen sind eingestellt, ein Teil der Mitarbeiter ist geflüchtet und der gesamte Altstadtbereich ist Plünderungen ausgesetzt. Nach Angaben des noch in Aleppo verbliebenen Denkmalpflegers Tamim Qasmo sind die Orte der im Internet veröffentlichten Bilder nicht eindeutig zu bestimmen, aber sie geben die Realität wieder. So bleibt uns im Moment nur, den gegenwärtigen Zustand vor Ort festzuhalten. Zu einem späteren Zeitpunkt müssen die Orte als Grundlage für den Wiederaufbau systematisch fotografiert und dokumentiert werden. Die Bilder, die wir im letzten Teil dieses Buches zeigen, werden soweit kommentiert, wie wir die Möglichkeit haben, sie genau zu identifizieren. Es handelt sich hierbei hauptsächlich um Bilder im Bereich der Zitadelle, innerhalb des gesamten Basars, der Umayyaden-Moschee, der Bebauung in der Altstadt, wie z. B. Beispiel des Bezirks Jdeideh und besonderer Bauten wie das Martini-Hotel oder das Waqf-Gebäude und die sogenannte Persische Küche.

Die Zitadelle

Die Zitadelle in Aleppo gilt als größter Festungsbau der arabischen Welt; den Aleppinern gilt sie als schönste Zitadelle der Welt. Sie liegt im Zentrum der Altstadt, von dem aus alle Bereiche der Altstadt erreicht werden können, und dient als Ausgangspunkt für mehrtägige Besichtigungen. Die ältesten Siedlungen an dem

Ort, an dem sich die Zitadelle befindet, reichen ins 12. Jh. v. Chr. zurück. In diesem Areal wurden in den letzten zehn Jahren Ausgrabungen von deutschen Archäologen durchgeführt. Der westliche Teil der Zitadelle ist ein Werk aus der ayyubidischen Zeit des 12. nachchristlichen Jhs.

Der hervorragend erhaltene Haupteingang der Zitadelle gehört zu den Hauptarchitekturelementen. Die Zitadelle zeichnet sich außerdem durch ihre unterschiedlichen Bauten aus verschiedenen historischen Phasen aus, zu denen z. B. ein von dem Enkel Saladins im Jahr 1230 errichteter Palast gehört.

Nach den Zerstörungen durch Erdbeben und Mongoleneinfall erneut aufgebaut, wurde die Zitadelle unter den Mameluken im 14. und 15. Jh. mehrfach erneuert und verändert. Innerhalb der Zitadelle befinden sich zwei Moscheen. Die kleine Moschee war auf dem ursprünglichen Platz der byzantinischen Kirche erbaut worden. Im Zentrum der Zitadelle wurde in den 1960er-Jahren ein modernes Amphitheater für Veranstaltungen und Konzerte errichtet. Der Teil der älteren Bauten wurde damit völlig zerstört, womit sich ein Schandfleck in der inneren Bebauung ergeben hat. Die Zitadelle wurde zwischen 2003 und 2008 mit Unterstützung der Aga-Khan-Stiftung saniert und für die Besucher didaktisch aufbereitet. Sie wurde im Bürgerkrieg von den unterschiedlichen Kriegsparteien eingenommen und teilweise zerstört, insbesondere im Eingangsbereich.

Die Umayyaden-Moschee

Die Moschee wurde beginnend mit dem Jahr 715 im Garten der ehemaligen Kathedrale der byzantinischen Zeit von Sulayman, dem Bruder des umayyadischen Kalifen al-Walid ibn Abd al-Malik, erbaut. Der Bau hat eine ursprüngliche Größe von 105 × 77,75 m. Der Innenhof umfasste ein Areal von 79 × 47 m. Für den ersten Bau wurden Säulen einer byzantinischen Kirche verwendet. Die Moschee besaß vier Eingänge, die alle in den Basar münden. Sie wurde 962 bei Auseinandersetzungen mit den Byzantinern durch einen Brand zerstört, doch schon drei Jahre später wieder neu aufgebaut. Im Jahr 1090 wurde das Minarett mit einer Höhe von 46 m auf einem quadratischen Grundriss von 4,5 m errichtet. Bekannt sind vor allem die unterschiedlichen Verzierungsmuster und Schriftarten. Die Moschee beansprucht für sich, das Haupt Johannes des Täufers als Reliquie zu beherbergen. Ihre Grundsanierung wurde von 1999 bis 2006 anlässlich der Feierlichkeiten „Aleppo als Kulturhauptstadt der islamischen Welt" durchgeführt. Durch den Bürgerkrieg wurde die Moschee in zwei Phasen zerstört: Nachdem sie zunächst von Regierungssoldaten als Stützpunkt genutzt worden war, wurde bei der Eroberung durch die Freie Syrische Armee der innere Bau stark beschädigt. In der zweiten Phase wurde das Minarett, angeblich durch die reguläre syrische Armee, dem Erdboden gleichgemacht. Damit wurde eines der bekanntesten und ältesten Minarette des Nahen Ostens zerstört.

Die Altstadtsiedlung

Die Altstadt von Aleppo beherbergt unterschiedliche Bauten und komplexe Straßennetze. In der Altstadt befinden sich zahlreiche Moscheen, die zwischen dem 11. und 19. Jh. errichtet wurden. Sie haben unterschiedliche Größen und sind sowohl auf die Wohngebiete als auch auf die verschiedenen Basar-Gassen verteilt. Die weit verzweigten Einkaufsmeilen der Innenstadt von Aleppo sind aufgeteilt in kleinere, enge Gassen mit einer Hauptachse, dem dem Suq Sarb. Zum Zentrum des Basars kommt man durch die verschiedenen Toreingänge, z. B. durch den Bab Antakya und den Quinnsrin. Zusätzlich befinden sich in der Altstadt zahlreiche Karawansereien. Ihre Entstehung reicht in die Zeit zwischen dem 15. und dem 18. Jh. zurück. Ebenfalls nicht weit von der Zitadelle entfernt befinden sich zwei wichtige Bauten der Innenstadt: die Persische Küche, die im 16. Jh. errichtet wurde, um die Pilger aus Persien mit Lebensmitteln zu versorgen, und die etwa zur gleichen Zeit errichtete, gegenüberliegende Karawanserei. Beide gehören zu den Haupttouristenattraktionen der Innenstadt von Aleppo.

Nach den uns vorliegenden Informationen und Bildern sind zahlreiche Basare und Straßen zum Teil völlig zerstört. Die bekannten Deckenkonstruktionen sind zusammengebrochen, die kleinen Läden sind entweder durch Bombardierung oder durch Brände vollkommen vernichtet worden. Die so genannte Persische Küche samt der nahe liegenden Moschee und der gegenüberliegenden Karawanserei Khan al-Wazir sind ebenfalls erheblich beschädigt worden.

Auch der so genannte Jdeideh, ein Teil der Altstadt, welcher außerhalb der Altstadtmauern liegt, wurde in der Hauptsanierungsphase zwischen 1995 und 2000 komplett saniert und wiederbelebt. Dort befinden sich zahlreiche Hotels und Touristenrestaurants, wie z. B. das Zamaria Haus (Martini-Hotel). Diese Gebäude stammen aus dem 17. Jh. und sind in den letzten 15 Jahren für touristische Zwecke umgebaut worden.

Abb.1+2 Das erste Eingangstor der Zitadelle vor und nach dem Krieg. Wieweit der innere Bereich der Zitadelle zerstört ist, lässt sich leider nicht dokumentieren. In den letzten Jahren gingen von hier häufig die Kampfhandlungen auf die Innenstadt aus. Die Zitadelle ist ein strategischer Punkt. Da sie auf einer Anhöhe liegt, lässt sich die gesamte Innenstadt von dort kontrollieren.

Abb. 3 oben: Hauptstraße, die von der Umayyaden-Moschee bis zur Zitadelle führt. Dort befinden sich zahlreiche Denkmäler, die zum Kern der Innenstadt gehören, wie z. B. auf der rechten Seite die sog. Wasir Kahn; auf der linken Seite die Persische Küche. Durch die Kampfhandlungen sind die Persische Küche und die Khair-Moschee zum Großteil zerstört worden.

Abb. 4 oben: Hauptstraße in Richtung Umayyaden-Moschee. Auf der rechten Seite liegt die Persische Küche.
Unten: Hier sieht man die starke Zerstörung der Fassade der Persischen Küche.

Abb. 5 oben: Gesamtes Ensemble: Persische Küche und Khair-Moschee. Unten: Zerstörung der beiden Objekte aus der früh-osmanischen Zeit um1600.

Abb. 6 oben: Das Gebäude wurde Ende des 19. Jhs. als Rathaus für die Stadtverwaltung errichtet. Es gehört zum Ensemble der geschützten Objekte der Altstadt und erfüllte unterschiedliche Funktionen. Zuletzt diente es als Einwanderungsbehörde. Unten: Starke Zerstörungen im Frühjahr 2013.

Abb. 7 Der gesamte Basar der Innenstadt wurde zu unterschiedlichen Zeiten stark zerstört. Oben: Textilbasar. Unten: Zu-
sammengebrochene Deckenkonstruktionen. Diese Art von Konstruktion ist sehr selten und schwer zu errichten. Dies wird
sicherlich beim Wiederaufbau Probleme bereiten.

Abb. 8 oben: Ein Basarstraßenzug, der nach den Vorschriften der Altstadtsanierung im gesamten Basar mit einheitlichen Holztüren versehen wurde. Unten: Im Basar wurden durch einen Brand, der auf Kampfhandlungen zurückzuführen ist, alle Geschäfte vernichtet. Zur Zeit der Kampfhandlungen haben die Regierungssoldaten das Wasser für diesen Stadtteil abgestellt.

Abb. 9 Stoff- und Teppichbasar vor der Zerstörung. Zu sehen sind ebenfalls die Deckenkonstruktionen.

*Abb. 10 Nach der Zerstörung. Alle Bilder des Basars
zeigen, dass ein originalgetreuer Wiederaufbau mit
erheblichen Schwierigkeiten verbunden sein wird.*

Abb. 11 In der Innenstadt befinden sich zahlreiche Moscheen, deren Datierung vom 13. bis ins 19. Jh. reicht. Links: Abbildung einer Kamalia-Moschee vor der Zerstörung; eine Moschee aus dem 16./17. Jh.

Abb. 12 Zerstörung der Minarettspitze. Die Zerstörung derartiger Bauten geht von Bombardierungen und Geschossen aus, die von der Zitadelle aus gestartet wurden. Inwieweit die Innenräume der Moschee zerstört sind, lässt sich aufgrund fehlender, gezielter Dokumentationen nicht sagen.

Abb. 13 Der Rest einer der ältesten Moscheen in Aleppo (Moschee Al Schaida). Die Moschee stammt aus dem 14./15. Jh.

Abb. 14 Denkmäler, die als Beobachtungs- und Schieß-position benutzt wurden, wie z. B. der Einsatz von Sand-säcken auf der Minarettbasis zeigt.

Abb. 15 Mahmandar-Moschee vor der Zerstörung. Sie wurde im 13. Jh. gebaut und zählt zu den ältesten Moscheen in Aleppo. Die Moschee hat eine besondere Verzierung am Minarett, die den Einfluss der Kunst des zentralasiatischen Raumes zeigt. Vergleichbare Verzierungen an Minaretten in Syrien gibt es nicht.

Abb. 16 Lage der Moschee und Ausmaß der Zerstörung, insbesondere an der Kuppel (s. Abb. unten).

Abb. 17+18 Das ehemalige watwa-Gebäude. Dort wurden religiöse Fragen diskutiert und Entscheidungen getroffen. Das Gebäude wurde im ausgehenden 19. Jh. errichtet. Es war zunächst das Privathaus eines Gelehrten (Abu Alsjadi) und gehörte ebenfalls zum Ensemble des Altstadtschutzgebietes.

Abb. 19 Die Umayyaden-Moschee wurde im Laufe ihrer Geschichte mehrfach umgebaut, aber niemals in dem Ausmaß wie im Bürgerkrieg von Aleppo zerstört. Nach der Einnahme durch Regierungssoldaten wurde sie von den Rebellen erobert und im April 2013 durch gezielten Beschuss stark beschädigt, insbesondere das Minarett, das zu den ältesten Minaretten des Nahen Ostens gehört. Abb. 19 zeigt die Zerstörungen in der ersten Phase im Innenhof.

Abb. 20 Der Haupteingang zum Gebetsraum der Umayyaden-Moschee. Unten: Die Beschädigungen nach dem Beschuss im April 2013.

Abb. 21 und 22 Die Vorderseite und der Haupteingang der Umayyaden-Moschee nach der Sanierungsarbeit 2008. In der ersten und zweiten Zerstörungsphase wurde der Eingang neben dem Minarett stark beschädigt.

Abb. 23 Luftbildaufnahme des Gesamtkomplexes der Umayyaden-Moschee.

Abb. 24 Zerstörung des Minaretts. Die noch verbliebe-nen Denkmalpfleger haben dazu aufgerufen, die Steine für den Wiederaufbau aufzubewahren.

Abb. 25+26 Ostgalerie. Die Umayyaden-Moschee wurde vor sieben Jahren komplett saniert.

Abb. 27+28 Westgalerie mit starken Zerstörungen im Vergleich zu den Verhältnissen vor der Zerstörung.

Abb. 29+30 Eingang der Moschee aus Richtung des Basars. Von dort aus erreicht man den Zentralbereich der Haupt-basarstraße.

Abb. 31 Minbar: Eines der Hauptelemente in einer Moschee. Minbar ist die Kanzel des Predigers, der sie für die Freitags-predigt benutzt. Die Minbar wurde teilweise zerstört, es ist den Denkmalpflegern aber gelungen, sie aus der Moschee zu entfernen und an einen sicheren Platz zu bringen. Die Aleppiner Minbar ist eine Nachbildung einer Minbar aus dem 13. Jh., die in die al Aqsa-Moschee gebracht wurde. Vor ca. zehn Jahren wurde sie bei einer palästinensischen Intifada von israelischen Soldaten zerstört.

Abb. 32 Hauptgebetsplatz mit der Ost-West-Achse.

Abb. 33–38 auf den nächsten Seiten: Eines der beliebtesten und ältesten Hotels und Restaurants in der Altstadt Jdeideh: Das Dar Zamaria (Martinihotel) wurde Mitte des 18. Jhs. als Wohnhaus gebaut und in den 1990er-Jahren in ein Hotel und Restaurant umgebaut.

Abb. 33 Eingangsbereich.

Abb. 34 Haupthalle mit Restauranteinrichtung.

Abb. 35 und 36 links: Der Innenhof des Dar Zamarias mit authentischen Möbeln aus den 50er-Jahren. Rechts: Derselbe Innenhof mit zerstörtem Treppenaufgang.

Abb. 37 und 38 Haupthof und beliebtes Restaurant der Altstadt und das Ausmaß der Zerstörung. Die gesamte Umgebung dieses Hotels und Restaurants ist nach Information der dort lebenden Denkmalpfleger stark zerstört worden. Der Ortsteil Jdeideh gehörte zu den besten denkmalpflegerisch betreuten Orten der Altstadt von Aleppo. Dort wurden von der GTZ zahlreiche wichtige Maßnahmen zur Wiederherstellung und Belebung der Altbauten durchgeführt.

Die Autoren

Mamoun Fansa

Geboren 1946 in Aleppo, Syrien. 1967 erfolgte die Umsiedlung nach Deutschland. Fansa studierte von 1968 bis 1972 Kunst an der Fachhochschule für Kunst und Design in Hannover sowie von 1972–1979 Nordeuropäische Archäologie an den Universitäten Hannover und Göttingen. In den Jahren 1978 bis 1987 war er als wissenschaftlicher Mitarbeiter am Institut für Denkmalpflege in Hannover beschäftigt, worauf er im Anschluss bis 1994 Abteilungsleiter am Staatlichen Naturkundemuseum für Naturkunde und Vorgeschichte (jetzt Landesmuseum Natur und Mensch) in Oldenburg war, in dem er von 1994 bis 2011 als leitender Museumsdirektor tätig gewesen ist. 2000 initiierte Fansa die Ausstellung „Damaskus – Aleppo. 5000 Jahre Stadtentwicklung". In den Jahren 2000–2011 realisierte Fansa im Landesmuseum Natur und Mensch, Oldenburg, zahlreiche Sonderausstellungen zum Thema „Historische Beziehungen zwischen Orient und Okzident" mit dem Ziel, den Dialog zwischen Europa und der arabisch-islamischen Welt zu fördern: „Saladin und die Kreuzfahrer", „Kaiser Friedrich II. (1194–1250). Welt und Kultur des Mittelmeerraums", „Die Kunst der früheren Christen in Syrien", „Tierisch moralisch – Die Welt der Fabel in Orient und Okzident", „Ex Oriente Lux? Wege zu neuzeitlichen Wissenschaft", „Gaza-Brücke zwischen Kulturen – 6000 Jahre Geschichte".

Seit 2011 wohnt Mamoun Fansa in Berlin und ist Vorsitzender des Fördererkreises Museumsdorf Düppel, Berlin/Zehlendorf.

Khaldoun Fansa

ist als beratender Architekt in Aleppo tätig und hat mehrere Sanierungsprojekte in der Altstadt von Aleppo durchgeführt. Er war einer der Gründer des Revitalisierungsprojekts für die Altstadt Aleppos und zwischen 1993 und 2001 im Auftrag der GTZ für die „Residents Loaning Funds" zuständig. In den Jahren 2000 und 2006 wirkte er bei den deutschen Ausstellungen „Damaskus – Aleppo. 5000 Jahre Stadtgeschichte in Syrien" und „Saladin und die Kreuzfahrer" mit. Khaldoun Fansa hat mehrere Schriften zur Altstadt von Aleppo veröffentlicht und arbeitete zwischen 2000 und 2008 als Berater des Aga Khan Trust for Culture. Er war 2006 eines der Gründungsmitglieder des Vereins „Freunde der Zitadelle von Aleppo" und schrieb und veröffentlichte das Jugendbuch „The Preserved Heritage" („Das konservierte Erbe"), das erst kürzlich ins Englische übersetzt wurde.

Heinz Gaube

Geboren 1940, absolvierte er eine Optikerlehre und studierte ab 1965 Islamkunde, Iranistik, Semitistik, Kunstgeschichte, Klassische Archäologie und Theologie (Altes Testament) in Hamburg, Wien, Leningrad, Beirut und London, worauf er 1970 in Hamburg promovierte. Danach begab er sich als wissenschaftlicher Referent und später als Forschungsstipendiat an das Orient-Institut der Deutschen Morgenländischen Gesellschaft in Beirut. 1976 habilitierte er sich an der Universität Frankfurt/Main. Heinz Gaube arbeitete als Gastprofessor an Universitäten in den USA, Großbritannien und Jordanien, bevor er 1978 auf die Professur für Irankunde an der Universität Tübingen berufen wurde. 1981 war er Professor für Geschichte, Theorie und Kritik der islamischen Architektur und Urbanistik am MIT (Cambridge, Mass., USA). Heinz Gaube hat zahlreiche Bücher, Aufsätze und Fachbeiträge verfasst und ist Mitherausgeber der Zeitschriften bzw. Serien *Baal* (Beirut), *Muquarnas* (Cambridge, Mass.), *Res Orientalis* (Paris) und *Environmental Design* (Rom).

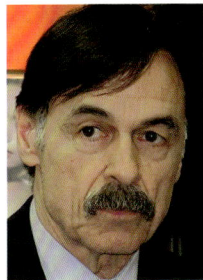

Marcel Pott

wurde 1946 geboren und studierte Geschichte, Politik und Rechtswissenschaften. Von 1983 bis 1992 arbeitete er als Leiter der ARD-Hörfunkstudios Nahost in Beirut und in Amman. Zudem war er als Autor für DIE ZEIT und die WELTWOCHE sowie für deutsche und schweizer Tageszeitungen mit den folgenden Themenschwerpunkten tätig: der arabisch-israelische Konflikt um Palästina, die Golfkriege und die Region nach der US-Invasion des Irak; die Folgen der Islamischen Revolution im Iran für die gesamte arabische und islamische Welt; die Entwicklung des politischen Islam in seinen extremistischen und gemäßigten Erscheinungsformen. Von 1992 bis 1997 war er leitender Redakteur des ARD-Hauptstadtstudios in Bonn. 1997 zog er abermals in den Nahen Osten nach Amman. Seit seiner Rückkehr nach Deutschland im Jahr 2000 veröffentlichte er zahlreiche Bücher. Seine Recherchereisen führten ihn regelmäßig in den Nahen und Mittleren Osten.

Tamim Qasmo

arbeitet als Diplom-Ingenieur. Nach seinem Studienabschluss an der Universität von Aleppo im Jahr 1969 war er bis 1999 in Syrien und Saudi-Arabien mit der Durchführung von Bauvorhaben befasst. Von 1999 bis 2005 war er als Direktor in der Bauaufsichtsbehörde mit der Restaurierung der Umayyaden-Moschee beschäftigt und als Berater für Bauvorhaben bei der Agha-Khan-Stiftung tätig, so z. B. bei der Sanierung des ayyubidischen Wasserspeichers in der Zitadelle von Aleppo und bei den Bauausführungen in der Umgebung der Zitadelle. Er ist Sekretär der syrischen Vereinigung für Denkmalpflege und ihr Vertreter bei der künstlerischen Kommission der Altstadt von Aleppo. Zudem ist er Herausgeber der dazugehörigen Zeitschrift.

Adli Qudsi

Geboren 1940, studierte er Architektur an der Washington State University, USA. Nach seinem Abschluss im Jahr 1964 arbeitete er als Architekt in Seattle, bis er im Jahr 1975 das Architektur- und Planungsbüro „Conception & Construction Consultants" in Aleppo gründete. In den 1970er-Jahren initiierte Qudsi die Kampagne für die Erhaltung der historischen Altstadt von Aleppo und 1992 das Projekt der Altstadtsanierung. Für diese Leistung erhielt er 1998 den „Rolex Award for Enterprise". Von 1999 bis 2008 arbeitete Adli Qudsi als Berater und Vertreter des Aga Khan Trust for Culture und gründete den Verein „Freunde der Zitadelle von Aleppo". Adli Qudsi hat zahlreiche wissenschaftliche Publikationen veröffentlicht, darunter „The Master Plan of a Historic Town, Scrapped" („Der Bebauungsplan einer historischen Stadt – verschrottet"), „Traffic in the Meydan-E-Imam" („Verkehr in der Meydan E-Imam") und „Rehabilitation Brief For Isfahan, Iran" („Ein kurzer Bericht über eine Sanierung für Isfahan, Iran").

Udo Steinbach

wurde 1943 in Pethau/Zittau geboren. Er studierte von 1965 bis 1970 Islamkunde und Klassische Philologie an den Universitäten Freiburg i. Br. und Basel. Im Jahr 1970 erfolgte die Promotion zum Dr. phil mit der Arbeit: „Dhat al-Himma – Kulturgeschichtliche Untersuchungen zu einem arabischen Volksroman". Von 1971 bis 1974 war er Leiter des Nahostreferats bei der Stiftung Wissenschaft und Politik München und 1975 Leiter der türkischen Redaktion bei der Deutschen Welle. Von 1976 bis 2006 arbeitete er als Direktor des Deutschen Orient-Instituts in Hamburg und ist seit 1991 Honorarprofessor an der Universität Hamburg. 2007 wurde er Direktor des GIGA-Instituts für Nahoststudien, bis er am 01.01.2008 pensioniert wurde. Von 2007 bis 2010 lehrte Steinbach am Centrum für Nah- und Mittelost-Studien an der Philipps-Universität Marburg. Er veröffentliche zahlreiche Publikationen über Nahost-Themen. Seit Juni 2012 ist er Leiter des Governance Center Middle East/North Africa an der HUMBOLDT-VIADRINA School of Governance, Berlin.

Ivo Zanoni

wurde 1966 in Samedan (Graubünden, Schweiz) geboren und studierte Klassische Archäologie, Etruskologie und Geschichte in Basel und Rom; 1996 wurde er in Etruskologie promoviert. Zanoni arbeitete u. a. auf Ausgrabungen in Petra (Jordanien), Italien und in der Schweiz. 1999 wurde er Assistent im Antikenmuseum Basel bei einer Ausstellung über Syrien. Während dieser Zeit reiste er u. a. nach Aleppo. Die Stadt faszinierte ihn wegen ihrer historisch gewachsenen Multikulturalität und wegen des (scheinbar friedlichen) Nebeneinanders der vielen Religionen. Derzeit arbeitet er als freier Autor und Übersetzer. Er schreibt v. a. Poesie, Kurzgeschichten sowie Reiseerzählungen und beschäftigt sich gerne mit dem Mikrokosmos der Gesellschaft. Er lebt und arbeitet in Basel, wo er seine Texte in deutscher und italienischer Sprache verfasst.

Literaturverzeichnis

Allen, T. 1996: Ayyubid Architecture. Elektronische Publikation, 2Occidental, Cal. 1996 ff (http://www.wco.com/books/readme.aa.html).

Bianca, S. 1980: Städtebau in islamischen Ländern. Analysen und Konzepte unter Berücksichtigung gegenwärtiger Entwicklungstendenzen und künftiger Planungsaufgaben. Studienunterlagen zur Orts-, Regional- und Landesplanung 44. Zürich 1980.

Bianca, S. 1991: Hofhaus und Paradiesgarten. München 1991.

Bleyl, W. 1973: Der Donjon, 1973.

Bounni, A., Saliby, N. 1965: Six nouveaux emplacements fouillés à Palmyre, in ASS 1965.

Braune, M. 1993: Untersuchungen zur mittelalterlichen Befestigung in Nordwest-Syrien: Assassinenburg Masyâf. Damaszener Mitteilungen 7, 1993.

Busquets, J. (Hrsg.) 2006: Aleppo: Rehabilitation of the Old City. Cambridge 2006.

David, J. C. 1977: Alep, dégradation et tentatives actuelles de réadaption des structures urbaines traditionelles. Extrait de Bulletin d'Études Orientales 28, 1975, 19–49. Damascus 1977.

David, J. C. 1982: Le waqf d'Ibsir Pasa á Alep (1063/1653). Étude d'urbanisme historique. Damaskus 1982.

Deschamps, P. 1934: Les châteaux des croisés en Terre Sainte. Le Crac des Chevaliers, 2. Bde., 1934.

dies. 1978: Baudekoration in den Kirchen des nordsyrischen Kalksteinmassivs, in: Archäologischer Anzeiger, 1978.

Dschubair, I. 1985: Tagebuch eines Mekka Pilger übertragen von Regina Günther, Stuttgart 1985.

Dussaud, R. 1927: Topographie historique de la Syrie antique et médiévale, 1927.

Ecochard, M. 1950: Notes sur un édifice Chrétien d'Alep, in Syria 1950.

Fansa, M. 2006 (Hrsg.): Syrien in der Zeit Saladins. Begleitschrift zur Sonderausstellung „Saladin und die Kreuzfahrer" im Landesmuseum für Natur und Mensch Oldenburg, Schriftenreihe des Landesmuseums für Natur und Mensch, Heft 42. Oldenburg 2006.

Fansa, M., Bollmann, B. 2008: Die Kunst der frühen Christen in Syrien. Zeichen, Bilder und Symbole vom 4. bis 7. Jahrhundert. Schriftenreihe des Landesmuseums für Natur und Mensch, Heft 60. Mainz am Rhein 2008.

Fansa, M., Gaube, H., Windelberg, J. 2000: Damaskus – Aleppo. 5000 Jahre Stadtentwicklung in Syrien. Philipp von Zabern, Mainz 2000.

Fedden, R., Thomsonn, J. 1959: Kreuzfahrerburgen im Heiligen Land, 1959.

Fischer, R. 2012 (Bearbeitung): Das Erbe der Welt 2012/2013: Die Kultur- und Naturmonumente der Erde nach der Konvention der UNESCO. Großes Sonderkapitel: Das Dokumentenerbe der UNESCO, Kunth-Verlag, München mit Beiträgen von Robert Fischer, Natalie Göltenboth, Eckhard Schuster, Marcus Würmli u.a..

Gangler, A. 1993: Ein traditionelles Wohnviertel im Nordosten der Altstadt von Aleppo. Tübingen 1993.

Gangler, A., Ribbeck, E. 1994: Ist die Medina noch zu retten? Trialog Nr. 40, 1994, 4–7.

Gangler, A., Spiekermann, M. 2011: Madīnatī Halab - Mein Aleppo. Medienkombination mit arabischen Texten. Edition Esefeld und Traub, Stuttgart 2011.

Gaube, H., Wirth, E. 1984: Aleppo. Historische und geographische Beiträge zur baulichen Gestaltung, zur sozialen Organisation und zur wirtschaftlichen Dynamik einer vorderasiatischen Fernhandelsmetropole. Beihefte zum Tübinger Atlas des Vorderen Orients Reihe B, Nr. 58. Wiesbaden 1984.

Gonnella, J. 1996: Ein christlich-orientalisches Wohnhaus des 17. Jahrhunderts aus Aleppo (Syrien): das „Aleppo-Zimmer" im Museum für Islamische Kunst Berlin. Mainz 1996.

Gonella, J., Khayyata, W., Kohlmeyer, K. 2005: Die Zitadelle von Aleppo und der Tempel des Wetter-

gottes. Neue Forschungen und Entdeckungen. Rhema-Verlag, Münster 2005.

Hadjar, A. 2000: Historical Monuments of Aleppo. Automobile and Touring Club of Syria, Aleppo 2000.

Hadjar, A. 2002. Die Kirche des St. Simeom Stylites Aleppo, 2002.

Helberg, K. 2012: Brennpunkt Syrien, Freiburg Basel Wien, 2012.

Herzfeld, E. 1954/55: Matériaux pour un corpus inscriptionum arabicarum II. Syrie du Nord. Inscriptions et monuments d'Alep. Mémoires publiés par les membres de l'Institut Français d'Archéologie Orientale du Caire 76-78. Kairo 1954/5.

Herzfeld, E. 1955: Matériaux pour un corpus inscriptionum arabicarum, 2. Teil, Syrie du Nord, 2 Bde., 1955.

Hitti, Ph. K. 2. Auflage 1957: History of Syria.

Honigmann, E. 1932: Lexikonartikel in RE.

Klengel, H. 1967: Geschichte und Kultur Altsyriens, 1967.

Korn, L. 1998: Ayyubidische Architektur in Ägypten und Syrien. Bautätigkeit im Kontext von Politik und Gesellschaft 564-658/1169-1258. Dissertation Tübingen 1998.

Matthiae, P. 1979: Ebla. Un impero ritrovato, 1977, englische Übersetzung 1979.

Odenthal, J., 1993: Syrien, DuMont Kunst Reiseführer, 1993.

Pfeifle, F. 2010.: Das UNESCO-Weltkulturerbe: Vom globalen Völkerrecht zur lokalen Infrastrukturplanung. Köln, München: Carl Heymanns, 2010.

Quschaqdji, Y.: Achbar Halab kama katabaha Naum al-Bachchasch fi dafatir al-djamiyya 1–4 (arabischer Text).

Rotter, G. 1999 :Syrien, Edition-Erde-Reiseführer Temmen-Verlag. Bremen

Russel, A. 1794: The Natural History of Aleppo. London. 1794.

Sack, D. 1989: Damaskus. Entwicklung und Struktur einer orientalisch-islamischen Stadt. Damaszener Forschungen 1. Mainz 1989.

Saouaf, S.: Alep, Guide des visiteurs.

Sauvaget, J. 1941: Alep: essai sur le développement d'une grande ville syrienne des origenes au milieu du XIXème siécle, 1941.

Seyrig, H., Amy, R., Will, E. 1975: Le temple de Bel a Palmyre, 1975.

Strube, C. 1977: Die Formgebung der Apsisdekoration in Qalbloze und Qalaat Saman, in Jahrbuch für Antike und Christentum, 1977.

Stürzbecher, K. 1999: Development-Plan, Hrsg. Von Rehabilitation of the Old city of Aleppo/City of Aleppo/GTZ. Aleppo 1999.

UNESCO (Hrsg.) 2010: Das Welterbe: Die vollständige, von der UNESCO autorisierte Darstellung der außergewöhnlichsten Stätten unserer Erde. München.

van Berchem, M., Fatio, E. 1913: Voyage en Syrie, 1913.

Wirth, E. 1973: Die Beziehung der orientalisch-islamischen Stadt zum umgebenden Lande. In: E. Meynen (Hrsg.), Geographie heute. Wiesbaden 1973, 323–333.

Bildnachweis:

Jens Schwanke: Essayteil Abb. 1, 2, 3, 12, 13, 17, 19, 20, 21, 32, 46, 47.

Mamoun Fansa: Essayteil Abb. 4, 5, 6, 7, 9, 11, 14, 18, 22, 23, 25, 26, 27, 31, 35, 37, 38, 39, 40, 41; Bildteil Abb. 1, 3 oben, 4 oben, 5 oben, 6 oben, 7 oben, 9, 11, 13, 15, 17, 19 oben, 20 oben, 21, 23, 25, 33, 34 oben.

Gaube/Wirth: Essayteil Abb. 10, 15.

Hotel Zamaria: Bildteil Abb. 35, 37.

ZEIT-Grafik/Quelle: CSS. Nov. 2012, US-State Department: Essayteil Abb. 33.

StepMap: Essayteil Abb. 36.

Khaldoun Fansa: Essayteil Abb. 8, 16, 24, 42, 43, 44, 45.

Netzwerk Schahed Eian (Augenzeuge): Essayteil Abb. 30, 34; Bildteil Abb. 2, 3 unten, 4 unten, 5 unten, 6 unten, 7 unten, 8 beide, 10, 12, 14, 16, 18, 19 unten, 20 unten, 22, 24 beide, 26, 27, 28, 29, 30, 31, 32 beide, 34 unten, 36, 38.

Gemeinfreie Datei, www.nasser.bibalex.org: Essayteil Abb. 28.

Gemeinfreie Datei, www.al-ehyaa.net: Essayteil Abb. 29.